NEJLEPŠÍ

VAŠU HOLANDSKÚ

RÚRU

100 JEDNODUCHÝCH JEDÁL, KTORÉ SI PRIPRAVÍTE VO VAŠEJ RÚRE DUTH S 8 ZLOŽKAMI ALEBO MENEJ

Uršul'a Holubová

Vylúčenie zodpovednosti

Informácie obsiahnuté v tomto eBooku majú slúžiť ako komplexná zbierka stratégií, o ktorých autor tohto eBooku robil prieskum. Zhrnutia, stratégie, tipy a triky odporúča iba autor a čítanie tejto e-knihy nezaručí, že výsledky budú presne odzrkadľovať autorove výsledky. Autor eKnihy vynaložil všetko primerané úsilie, aby poskytol aktuálne a presné informácie pre čitateľov eKnihy. Autor a jeho spolupracovníci nenesú zodpovednosť za žiadne neúmyselné chyby alebo opomenutia, ktoré môžu byť zistené. Materiál v eKnihe môže obsahovať informácie od tretích strán. Materiály tretích strán obsahujú názory vyjadrené ich vlastníkmi. Ako taký, autor eKnihy nepreberá zodpovednosť ani neručí za žiadny materiál alebo názory tretích strán. Či už z dôvodu rozvoja internetu alebo nepredvídaných zmien v politike spoločnosti a usmerneniach na predkladanie redakčných príspevkov, to, čo je uvedené ako fakt v čase písania tohto článku, môže byť neskôr neaktuálne alebo nepoužiteľné.

OBSAH

ÚVOD

Domáci kuchári vedia, že holandská rúra je originálny pomalý hrniec a najuniverzálnejší hrniec v kuchyni! Od slaných jedál po sladké dezerty, polievky až po dusené mäso alebo dokonalé pečené mäso - holandská rúra je základom vašej kuchyne pri príprave jedál z jedného hrnca. V tomto sprievodcovi k ich najpredávanejšej kuchárskej knihe Cast Iron Skillet Cookbook ponúkajú autori viac ako 100 receptov na ľahko pripraviteľné recepty na všetky príležitosti plus kompletné informácie o tom, ako vybrať a starať sa o vašu holandskú rúru. Toto nové vydanie obsahuje plnofarebné fotografie v celej knihe a množstvo chutných receptov na delikátne jedlá z jedného hrnca

Využite svoju holandskú rúru na maximum pomocou klasických a kreatívnych receptov

Zabudnite na hrnce navyše a objavte všetky rôzne jedlá, ktoré môžete pripraviť v jedinej holandskej rúre. Tento komplexný sprievodca obsahuje všetky základy, od zásadných tipov na čistenie až po množstvo receptov na zalievanie úst.

Maximalizujte svoju holandskú rúru pomocou:

- 100 chutných receptov — Objavte všestrannú zbierku jednoduchých týždenných večerí, rýchlych chlebov a dezertov.
- Komplexný sprievodca - Naučte sa podrobnosti o nakupovaní, varení a čistení vašej holandskej rúry, aby ste si ju mohli užívať po celé roky.
- Jednoduché ingrediencie - Vychutnajte si jednoduché holandské recepty na pečenie s ľahko dostupnými ingredienciami .

RAŇAJKY

1. Nemecké palacinky

CELKOVÝ ČAS VARENIA: 26 MINÚT
Porcie: 4
VYBAVENIE: 12-PALCOVÁ HOLANDSKÁ RÚRA

INGREDIENCIE :
$\frac{1}{4}$ lyžičky soli
7 lyžíc masla
Mlieko, 1 šálka
6 vajec
1 šálka múky

INŠTRUKCIE
Pečieme 26 minút.

VÝŽIVA
Kalórie: 209 · Sacharidy: 17 g · Tuky: 11 g · Bielkoviny: 11 g

2. Raňajky s holandskou klobásou

CELKOVÝ ČAS VARENIA: 60 MINÚT
Porcie: 4
VYBAVENIE: 12-PALCOVÁ HOLANDSKÁ RÚRA

INGREDIENCIE :
Soľ, 1 lyžička
8 vajec
Mletá klobása, 2 libry
9 krajcov chleba bez kôrky, nakrájaných na kocky
3 šálky mlieka
2 šálky strúhaného syra čedar

INŠTRUKCIE
Klobásu uvaríme a potom scedíme.
Zmiešajte mlieko, vajcia, chlieb a soľ.
K vaječnej zmesi pridáme klobásu a syr čedar.
Naplňte holandskú rúru prísadami a potom pečte 60 minút s 8 uhlíkmi naspodku a 16 navrchu.

VÝŽIVA
Kalórie: 109, Tuky: 8 g, Nasýtené tuky: 4 g, Sacharidy: 2 g, Bielkoviny: 10 g

3. Dutch Oven Grilovaný syr

CELKOVÝ ČAS VARENIA: 20 MINÚT
Porcie: 2
VYBAVENIE: 12-PALCOVÁ HOLANDSKÁ RÚRA

INGREDIENCIE :
4 krajce chleba
Syr provolone
1 tyčinka masla

INŠTRUKCIE
Každý kúsok chleba natrieme maslom a na vrch na predhrievanie položíme syr a zvyšné plátky chleba natreté maslom nadol. Otočte a grilujte, kým nezhnedne.

VÝŽIVA
Kalórie 860, Celkový tuk 61g, Nasýtený tuk 34g, Sacharidy 44g, Cukor 4g, Vláknina 1g, Bielkoviny 32g

4. Dutch Oven francúzsky toast

CELKOVÝ ČAS VARENIA: 10 MINÚT
Porcie: 4
VYBAVENIE: 12-PALCOVÁ HOLANDSKÁ RÚRA

INGREDIENCIE :

1 lyžička vanilky
4 vajcia
½ šálky mlieka alebo pol na pol chleba
1 lyžička škorice
rastlinný olej a papierová utierka

INŠTRUKCIE

Položte holandský kryt rúry hore dnom na uhlíky.
Na veko natrite rastlinný olej.
Mixérom alebo vidličkou kombinujte všetky ingrediencie, kým sa dôkladne nespoja.
Zmesou natrieme chlieb.
Pečte na oboch stranách na holandskej pokrievke 4 minúty z každej strany alebo do zlatista.

VÝŽIVA

Kalórie: 279 Cukor: 17 g Sodík: 231 mg Tuk: 8 g Sacharidy: 36 g Vláknina: 3 g Bielkoviny: 16 g

5. Holandské pecné palacinky

CELKOVÝ ČAS VARENIA: 20 MINÚT
PORCIE: 12-16 PALCINCOV
VYBAVENIE: 12-PALCOVÁ HOLANDSKÁ RÚRA

INGREDIENCIE :

3 lyžičky prášku do pečiva
2 šálky múky
2 šálky mlieka
Roztopené maslo, dve polievkové lyžice
Soľ, 1 lyžička
Zeleninový olej
1 vajce

INŠTRUKCIE

Zmiešajte soľ, prášok do pečiva a múku.
Zmiešajte vajíčko a mlieko.
Obe zmesi zmiešame s rozpusteným maslom.
Na uhlie položte vymastený holandský kryt pece hore nohami.
Nalejte cesto do stredu mriežky.
Varte do bublania a zhnednutia na vrchu.
Po prevrátení zhnednite druhú stranu.

VÝŽIVA

350 kalórií; bielkoviny 10 g; sacharidy 36 g; vláknina 3g; tuk 18 g; nasýtené tuky 10 g

. Holandská rúra Pita Pocket s

CELKOVÝ ČAS VARENIA: 10 MINÚT
Porcie: 4
VYBAVENIE: 12-PALCOVÁ HOLANDSKÁ RÚRA

INGREDIENCIE

1 cibuľa, nakrájaná
1 strúčik cesnaku
1 libra klobásy
Pita chlieb
12 rozšľahaných vajec
1 paprika, nasekaná
1 pohár omáčky

INŠTRUKCIE

Pripravte si holandskú rúru.
Opečte klobásu s cibuľou, cesnakom a korením.
Zamiešajte vajíčka.
Uvarenú zmes naberte do vreciek Pita.

VÝŽIVA

Kalórie: 380, tuky 15,4 g, nasýtené tuky 5,9 g, sodík 756,6 mg, sacharidy 38,8 g, vláknina 4,6 g, cukry 3,2 g, bielkoviny 23,4 g

7. Dutch Oven Country raňajky

CELKOVÝ ČAS VARENIA: 10 MINÚT
Porcie: 4
VYBAVENIE: 12-PALCOVÁ HOLANDSKÁ RÚRA

INGREDIENCIE

1 libra voľne ložená bravčová klobása, rozdrobená
12 vajec
1 škatuľka hnedých zemiakov
1 šálka strúhaného syra čedar

INŠTRUKCIE

Bravčovú klobásu navrstvíme v holandskej peci.
Klobásu varte, kým nie je hotová, pokrytú vodou.
Pridajte hash zemiaky a potom varte.
Smažte kombináciu klobásy a zemiakov, kým zemiaky nezhnednú.
Na vrchnej časti zemiakov urobte lyžicou veľa priehlbín a do každej priehlbiny rozbite 2 vajcia.
Keď sú bielka úplne uvarené, navrch posypte syr a hornú časť holandskej rúry priveďte do varu tak dlho, aby sa syr roztopil.

VÝŽIVA

Kalórie: 109, Tuky: 8 g, Nasýtené tuky: 4 g, Sacharidy: 2 g, Bielkoviny: 10 g

3. Kastról na klobásy Dutch Oven

CELKOVÝ ČAS VARENIA: 10 MINÚT
Porcie: 4
VYBAVENIE: 12-PALCOVÁ HOLANDSKÁ RÚRA

INGREDIENCIE

2 kilá klobásy
Soľ, 1 lyžička
2 vajcia
15 uncí syra čedar, strúhaného
8 krajcov chleba
1 lyžička suchej horčice
4 šálky mlieka

INŠTRUKCIE

Pomocou pevnej fólie vyložte holandskú rúru a fóliu namažte maslom.
V rúre nalámeme chlieb.
Na chlebe rozdrobíme uvarenú klobásu a posypeme syrom.
Vyšľaháme vajcia, mlieko, horčicu a soľ.
V rúre poukladajte chlieb, klobásu a syr a na vrch nalejte vaječnú zmes.
Pečte 38 minút, občas kontrolujte.

VÝŽIVA

Kalórie 254, Tuky 19,0 g, Nasýtené tuky 6 g, Sodík 644,4 mg, Sacharidy 10,5 g, Vláknina 0,5 g, Cukry 0,6 g, Bielkoviny 11,1 g

. Raňajky horského muža

CELKOVÝ ČAS VARENIA: 20 MINÚT
Porcie: 6
VYBAVENIE: 12-PALCOVÁ HOLANDSKÁ RÚRA

INGREDIENCIE

1 cibuľa, nakrájaná na plátky
1 šálka slaniny, nakrájanej na plátky
hnedé zemiaky, 5 šálok
1 šálka syra čedar, nastrúhaného
12 vajec
1 pohár omáčky

INŠTRUKCIE

Osmažte slaninu a cibuľu. Pridajte hash browns.
Varte 14 minút alebo kým vajcia nezačnú tuhnúť.
Keď sú všetky vajcia stuhnuté a syr je rozpustený, posypte vaječnou zmesou syrom, panvicu prikryte a pokračujte v zahrievaní niekoľko minút.

VÝŽIVA

Kalórie 254, Tuky 19,0 g, Nasýtené tuky 6 g, Sodík 644,4 mg, Sacharidy 10,5 g, Vláknina 0,5 g, Cukry 0,6 g, Bielkoviny 11,1 g

10. Quiche z holandskej rúry Crustless Quiche

CELKOVÝ ČAS VARENIA: 40 MINÚT
Porcie: 4
VYBAVENIE: 12-PALCOVÁ HOLANDSKÁ RÚRA

INGREDIENCIE

1/2 šálky masla
1/2 šálky múky
2 šálky tvarohu
10 vajec
1 lyžička prášku do pečiva
Mlieko, 1 šálka
Smotanový syr, 1/2 šálky
Soľ, 1 lyžička
Syr Monterey Jack, 1 libra
1 lyžička cukru

INŠTRUKCIE

Roztopte maslo a pridajte múku; dusíme niekoľko minút.
Zmiešajte vajcia, mlieko, syry, sódu bikarbónu, soľ a cukor.
Pečieme pri 350 stupňoch 40 minút.

VÝŽIVA

Kalórie: 177,6 kcal, Sacharidy: 7,7 g, Bielkoviny: 10,9 g, Tuky: 11,5 g, Nasýtené tuky: 5,1 g, Sodík: 315,7 mg, Vláknina: 0,6 g, Cukor: 2,2 g

1. Raňajkové rožky

CELKOVÝ ČAS VARENIA: 40 MINÚT
PORCIE: 6 DESIATOK
VYBAVENIE: 12-PALCOVÁ HOLANDSKÁ RÚRA

INGREDIENCIE

4 vajcia
1 liter cmaru
5 šálok múky
2 šálky cukru
6 šálok hrozienkových otrúb
6 lyžičiek sódy bikarbóny
Zmäkčené maslo, 1 šálka
2 šálky vriacej vody

INŠTRUKCIE

Zmiešajte vodu a sódu bikarbónu.
Zmiešajte maslo, vajcia a cukor a potom pridajte cmar a múku.
Pridajte vodnú zmes a premiešajte.
Zakomponujte hrozienkové otruby.
Pečieme 30 minút.

VÝŽIVA

Kalórie 182, Tuky 11 g, Nasýtené tuky 4,1 g, Sodík 1 322 mg, Sacharidy 2,2 g, Vláknina 0 g, Bielkoviny 19 g

2. Čučoriedkové muffiny

CELKOVÝ ČAS VARENIA: 15 MINÚT
Porcie: 4
VYBAVENIE: 12-PALCOVÁ HOLANDSKÁ RÚRA

INGREDIENCIE

2 šálky múky
2 rozšľahané vajcia
1 šálka cukru
Mlieko, 1 šálka
1 šálka rozpusteného masla
1 lyžička muškátového orieška
1 lyžica prášku do pečiva
1 šálka čučoriedok
Soľ, 1 lyžička
1 šálka mandlí, nakrájaných na plátky
1 lyžica cukru

INŠTRUKCIE

Zmiešajte suché prísady.
Zmiešajte mlieko, maslo a vajcia.
Obe zmesi zmiešame a primiešame čučoriedky.
Preložíme do foriem na muffiny.
Posypeme 1 lyžicou cukru a mandľami.
Pečieme 14 minút pri 400 stupňoch.

VÝŽIVA

Kalórie: 108 kcal, Sacharidy: 14,4 g, Bielkoviny: 6,3 g, Tuky: 2,8 g, Nasýtené tuky: 1,9 g, Cholesterol: 23 mg, Sodík: 108 mg, Vláknina: 0,6 g, Cukor: 7 g

13. Holandské škoricové šišky

CELKOVÝ ČAS VARENIA: 10 MINÚT
Porcie: 4
VYBAVENIE: 12-PALCOVÁ HOLANDSKÁ RÚRA

INGREDIENCIE

Niekoľko rúrok sušienok z chladničky
Zmes cukru a škorice
Stolový olej

INŠTRUKCIE

V holandskej rúre rozohrejte kuchynský olej.
Pripravte sušienky tak, že z nich palcom vytvoríte prsteň.
Lyžicou ich vložíme do rozohriateho oleja.
Po vybratí z oleja ich natrieme škoricovo-cukrovou zmesou.

VÝŽIVA

Kalórie: 146 kcal | Sacharidy: 26g | Bielkoviny: 5g | Tuky: 9g | Nasýtené tuky: 1g | sodík: 223 mg | Vláknina: 6g | Cukor: 2 g

4. Holandské pekanové a karamelové rolky

CELKOVÝ ČAS VARENIA: 10 MINÚT
Porcie: 4
VYBAVENIE: 12-PALCOVÁ HOLANDSKÁ RÚRA

INGREDIENCIE

Hnedý cukor, 1/2 šálky
1 polievková lyžica hrozienok
1 skúmavka chladničiek, rozštvrtená
1 šálka nasekaných vlašských orechov
1 tyčinka masla
Štipka škorice
1 polievková lyžica vody

INŠTRUKCIE

Rozpustite maslo, cukor, škoricu a vodu, aby ste vytvorili karamel.
Zmiešajte vlašské orechy a hrozienka a pridajte karamelovú zmes; miešajte, kým nie je rovnomerne rozložené.
Pečieme koláčiky dozlatista.

VÝŽIVA

378 kalórií, 18 g tuku, 6 g bielkovín, 50 g sacharidov

5. Dutch Oven Austrálske mäso a zelenina

CELKOVÝ ČAS VARENIA: 10 MINÚT
Porcie: 4
VYBAVENIE: 12-PALCOVÁ HOLANDSKÁ RÚRA

PLNENIE:
2 lyžice oleja
1 šálka studeného vareného mäsa, nakrájaného
1 šálka Miešaná zelenina, nakrájaná na kocky
CESTO:
Mlieko, 1 šálka
2 šálky samokysnúcej múky
Štipka soli
1 vajce

INŠTRUKCIE
Múku, soľ a vajce dáme do misky a pred postupným pridávaním mlieka vypracujeme cesto.
Vmiešame uvarené mäso a zeleninu.
Zmes by sa mala naliať do zahriateho oleja pomocou holandskej rúry.
Hneď ako sú okraje zafixované, otočte ich.

VÝŽIVA
Kalórie 860, Celkový tuk 61g, Nasýtený tuk 34g, Sacharidy 44g, Cukor 4g, Vláknina 1g, Bielkoviny 32g

16. Holandský quiche z rúry

CELKOVÝ ČAS VARENIA: 40 MINÚT
Porcie: 12
VYBAVENIE: 12-PALCOVÁ HOLANDSKÁ RÚRA

INGREDIENCIE

1 šálka húb, nakrájaných na plátky
1 libra slaniny alebo klobásy, nakrájaná
3 šálky plnotučného mlieka
1 šálka cibule, nakrájanej na kocky
2 šálky strúhaného syra
1 lyžička papriky
1 šálka nasekanej zelenej papriky
6 vajec
2 šálky Bisquick
Soľ, 1 lyžička

INŠTRUKCIE

Osmažte slaninu.
Orestujte huby, cibuľu a zelenú papriku; navrch nastrúhame trochu syra.
Zmiešajte Bisquick, mlieko, vajcia, soľ a korenie a nalejte na vrch.
Pečieme 32 minút dozlatista.

VÝŽIVA

Kalórie: 939 kcal, Nasýtené tuky: 27 g, Tuky: 67 g, Bielkoviny: 49 g, Sacharidy: 36 g, Cukor: 10 g, Vláknina: 3 g, Cholesterol: 304 mg

7. Dutch Oven Cheddar Mountain Man

CELKOVÝ ČAS VARENIA: 10 MINÚT
Porcie: 12
VYBAVENIE: 12-PALCOVÁ HOLANDSKÁ RÚRA

INGREDIENCIE

Štipka soľ a korenie
2 libry hnedé zemiaky, nastrúhané
Slanina, 1 libra
1 balenie mäkkých klobás
6 vajec
1/2 šálky mlieka
1 šálka syra čedar, nastrúhaného

INŠTRUKCIE

Slaninu a klobásu opečte v holandskej rúre.
Pridajte hash browns.
Pridajte mlieko, vajce, soľ a korenie a varte do polotuha.
Zapečieme so syrovou nátierkou navrchu.

VÝŽIVA

Kalórie 254, Tuky 19,0 g, Nasýtené tuky 6 g, Sodík 644,4 mg, Sacharidy 10,5 g, Vláknina 0,5 g, Cukry 0,6 g, Bielkoviny 11,1 g

8. Kastról na raňajky v holandskej rúre

CELKOVÝ ČAS VARENIA: 40 MINÚT
porcie: 8-10
VYBAVENIE: 12-PALCOVÁ HOLANDSKÁ RÚRA

INGREDIENCIE

4 šálky klobásy
15 uncí syra čedar, strúhaného
Soľ, 1 lyžička
12 vajec
8 krajcov chleba
1 liter mlieka
1½ lyžičky suchej horčice

INŠTRUKCIE

V rúre nalámeme chlieb.
Na chlebe rozdrobíme uvarenú klobásu a posypeme syrom.
V rúre poukladajte chlieb, klobásu a syr.
Vmiešame vajcia, mlieko, suchú horčicu a soľ.
Prikryjeme a pečieme 40 minút.

VÝŽIVA

Kalórie 254, Tuky 19,0 g, Nasýtené tuky 6 g, Sodík 644,4 mg, Sacharidy 10,5 g, Vláknina 0,5 g, Cukry 0,6 g, Bielkoviny 11,1 g

19. Raňajky do vrecka Pita

CELKOVÝ ČAS VARENIA: 20 MINÚT
Porcie: 6
VYBAVENIE: 12-PALCOVÁ HOLANDSKÁ RÚRA

INGREDIENCIE

2 šálky klobásy
2 lyžice olivového oleja
Pita chlieb
1 paprika, nakrájaná na kocky
1 pohár omáčky
1 strúčik cesnaku, mletý
1 cibuľa, nakrájaná
12 rozšľahaných vajec

INŠTRUKCIE

Osmažte klobásu a potom ju opečte s cibuľou, cesnakom a korením. Pridajte vajcia.
Preneste do pita vreciek spolu s omáčkou.

VÝŽIVA

Kalórie: 380, Tuky 15,4 g, Nasýtené tuky 5,9 g, Sodík 756,6 mg, Sacharidy 38,8 g, Vláknina 4,6 g, Cukry 3,2 g, Bielkoviny 23,4 g

20. Holandská rúra Hash Brown Quiche

CELKOVÝ ČAS VARENIA: 1 HODINA
VYBAVENIE: 12-PALCOVÁ HOLANDSKÁ RÚRA
Porcie: 6

INGREDIENCIE

Mlieko, 1 šálka
1 šálka horúceho syra, strúhaného
3 vajcia
1 lyžička ochutenej soli
2 šálky švajčiarskeho syra, strúhaného
Štipka korenie
1 šálka masla, rozpusteného
2 šálky varenej šunky, nakrájanej na kocky
36 oz. Zemiaky, varené a roztlačené

INŠTRUKCIE

Holandská rúra by mala byť namazaná.
Vytvorte pevnú kôrku na zemiakoch pred ich pečením tak, že na kôrku natriete roztopené maslo.
Misku pečieme pri vysokej teplote (425 °f) približne 25 minút.
Navrch dáme syr a šunku.
Šunku a syr zalejte rozšľahanými vajíčkami, mliekom a korením.
Pečieme približne 35 minút, kým stuhne.

VÝŽIVA

338 kalórií; bielkoviny 14,4g; sacharidy 15,9g; tuk 28,9 g; cholesterol 127,5 mg; sodík 793 mg.

1. Skvelá omeleta Denver

CELKOVÝ ČAS VARENIA: 20 MINÚT
Porcie: 6
VYBAVENIE: 12-PALCOVÁ HOLANDSKÁ RÚRA

INGREDIENCIE

20 vajec, rozšľahaných
1 libra šunky na kocky
1 libra strúhaného syra
1 libra slaniny, nasekaná
1 cibuľa, nakrájaná na kocky
1 nasekaná paprika
8 oz. huby

INŠTRUKCIE

Holandská rúra by mala byť zahriata na približne 400 stupňov.
Osmažte slaninu a potom vhoďte šunku; prikryjeme a pečieme asi tri minúty.
Pridajte cibuľu, papriku a vajcia a varte 3 minúty.
Pridajte huby.
Pečte asi 16 minút na hornom ohni.
Po piatich minútach posypeme syrom.

VÝŽIVA

488 kalórií; bielkoviny 30 g; uhľohydráty 5 g; tuk 40 g

22. kukuričná kaša

CELKOVÝ ČAS VARENIA: 20 MINÚT
Porcie: 4
VYBAVENIE: 12-PALCOVÁ HOLANDSKÁ RÚRA

INGREDIENCIE

1 liter vriacej vody
Štipka soli
1 šálka kukuričnej múky

INŠTRUKCIE

Kukuričnú múku pridajte do horúcej osolenej vody. Varte 20 minút za stáleho miešania.

VÝŽIVA

Kalórie: 151 kcal | Sacharidy: 25g | Bielkoviny: 4g | Tuky: 3g | Nasýtené tuky: 1g | sodík: 262 mg

3. Vyprážaná kukuričná kaša

CELKOVÝ ČAS VARENIA: 20 MINÚT
Porcie: 4
VYBAVENIE: 12-PALCOVÁ HOLANDSKÁ RÚRA

INGREDIENCIE

1 porcia kukuričnej kaše
Múka
1 polievková lyžica oleja

INŠTRUKCIE

Vytvarujte kašu a potom ju dajte do chladničky.
plátky a opečieme na oleji do zlatista.

VÝŽIVA

Kalórie: 150 kcal | Sacharidy: 25g | Bielkoviny: 4g | Tuky: 3g | Nasýtené tuky: 1g | Cholesterol: 4 mg | sodík: 262 mg | Draslík: 166 mg | Vláknina: 2g | Cukor: 2 g

CHLIEB

24. Parížsky raňajkový chlieb

CELKOVÝ ČAS VARENIA: 20 MINÚT
Porcie: 4-6
VYBAVENIE: 12-PALCOVÁ HOLANDSKÁ RÚRA

INGREDIENCIE

1 šálka krému
1 šálka plnotučného mlieka
1 lyžička citrónovej kôry
Štipka škorice
1 lyžica cukru
4 vajcia
1 lyžička vanilky
6 plátkov starého chleba, nakrájaných na plátky
práškový cukor na posypanie
$\frac{1}{4}$ šálky kryštálového cukru
Štipka muškátový oriešok

INŠTRUKCIE

Zahrejte olej na 375 °F.
Vajcia, smotanu, mlieko, vanilku, citrónovú kôru a 1 polievkovú lyžicu cukru rozšľaháme a vaječnou zmesou polejeme krajce chleba v pyrexovej miske.
Po piatich minútach plátky otočte, aby ste pokryli druhú stranu.
Vložte kúsky do oleja a smažte jednu minútu na každej strane.
Odstráňte a posypte chlieb škoricou, muškátovým orieškom a práškovým cukrom.

VÝŽIVA

130 kalórií, 25 g sacharidov, 0,5 g tuku, 6 g bielkovín

25. Portugalský vyprážaný chlieb

CELKOVÝ ČAS VARENIA: 20 MINÚT
Porcie: 20
VYBAVENIE: 12-PALCOVÁ HOLANDSKÁ RÚRA

INGREDIENCIE

olej na vyprážanie
3 lyžičky prášku do pečiva
½ lyžičky soli
Škorica, 2 polievkové lyžice
2 šálky univerzálnej múky
2 polievkové lyžice cukru
Pokvapkajte medom
Mlieko, 1 šálka
¼ šálky cukru

INŠTRUKCIE

Všetko zmiešame, okrem cukru a škorice.
Rozdelíme na 20 guličiek a vyvaľkáme na pomúčenej doske.
Pomocou holandskej rúry smažte kúsky cesta do zlatista, celkom 5 minút.
Posypeme zmesou cukru a škorice.

VÝŽIVA

Kalórie 101, Bielkoviny 1 g, Sacharidy 12 g, Tuky 5 g, Nasýtené tuky 1 g, Vláknina 0 g, Cholesterol 0 mg, Sodík 233 mg

26. Jednoduché holandské sušienky do rúry

CELKOVÝ ČAS VARENIA: 15 MINÚT
Porcie: 2
VYBAVENIE: 12-PALCOVÁ HOLANDSKÁ RÚRA

INGREDIENCIE :

$\frac{1}{2}$ šálky vody
2 šálky zmesi na pečenie

INŠTRUKCIE

Suchú zmes na pečenie zmiešame s vodou.
Na múkou posypanom povrchu cesto rozvaľkajte a vykrajujte kúsky sušienok.
Holandskú rúru len trochu naolejujte a sušienky pečte 10 minút s 8 uhlíkmi naspodku a 18 uhlíkmi navrchu.

VÝŽIVA

Kalórie: 172 kcal, Nasýtené tuky: 5 g, Tuky: 8 g, Bielkoviny: 2 g, Sacharidy: 24 g, Sodík: 59 mg, Cukor: 15 g, Vláknina: 1 g, Cholesterol: 20 mg

27. Krémové sódové krekry

CELKOVÝ ČAS VARENIA: 25 MINÚT
Porcie: 4
VYBAVENIE: 12-PALCOVÁ HOLANDSKÁ RÚRA

INGREDIENCIE :
1/3 šálky oleja
4 šálky samokysnúcej múky
12-uncová plechovka smotanovej sódy

INŠTRUKCIE
Zmiešajte všetky ingrediencie a dobre premiešajte; vyvaľkať cesto.
Na rezy použite čistú, otvorenú plechovku na polievku alebo vykrajovačku na sušienky.
Vložte sušienky do vymastenej holandskej rúry a pečte 25 minút. Na spodok položte 10 uhlíkov a na vrch 16.

VÝŽIVA
Kalórie: 68 kcal | Sacharidy: 11g | Bielkoviny: 2g | Tuky: 2g | Nasýtené tuky: 1g | Cholesterol: 4 mg | sodík: 6 mg | Draslík: 62 mg | Vláknina: 1g | Cukor: 1 g

28. Holandský kukuričný chlieb Bisquick

CELKOVÝ ČAS VARENIA: 30 MINÚT
VYBAVENIE: 10-PALCOVÁ HOLANDSKÁ RÚRA
Porcie: 4

INGREDIENCIE :

2 vajcia
6 lyžíc kukuričnej múčky
2 šálky Bisquick
1 čajová lyžička sódy
2/3 šálky cukru
½ šálky oleja
Mlieko, 1 šálka
3 polievkové lyžice múky

INŠTRUKCIE

Pred pečením pri 350 stupňoch počas 30 minút by sa mali všetky ingrediencie zmiešať do hladka.

VÝŽIVA

Kalórie: 255 kcal, Sacharidy: 34 g, Bielkoviny: 7 g, Tuky: 11 g, Nasýtené tuky: 7 g, Vláknina: 3 g, Cukor: 3 g

29. Mexický kukuričný chlieb

CELKOVÝ ČAS VARENIA: 20 MINÚT
porcie: 5-6
VYBAVENIE: 10-PALCOVÁ HOLANDSKÁ RÚRA

INGREDIENCIE :

$\frac{1}{2}$ lyžičky soli
2 dobre rozšľahané vajcia
$\frac{1}{2}$ lyžičky sódy bikarbóny
$\frac{1}{4}$ šálky mlieka
1 šálka kukuričnej múky
1,2 libry strúhaného syra
1 cibuľa, nakrájaná na kocky
1/3 šálky masla alebo rozpusteného masla
17 uncí plechovka smotanovej kukurice
4 unce plechovka zelených čili papričiek

INŠTRUKCIE

Zmiešajte všetko okrem čili a syra.
Holandskú rúru natrieme maslom.
Časť zmesí kukuričného chleba navrstvíme v holandskej peci.
Pridajte všetky chilli papričky navrch po pridaní polovice strúhaného syra.
Zvyšný syr by mal byť posypaný na zvyšnú zmes kukuričnej múčky.
Dáme piecť na 30 minút na 350 stupňov.

VÝŽIVA

Kalórie: 255 kcal, Sacharidy: 34 g, Bielkoviny: 7 g, Tuky: 11 g, Nasýtené tuky: 7 g, Vláknina: 3 g, Cukor: 3 g

30. Sezamový pletený chlieb

CELKOVÝ ČAS VARENIA/prípravy: 35 MINÚT
porcie: 10-12
VYBAVENIE: 12-PALCOVÁ HOLANDSKÁ RÚRA

INGREDIENCIE :

Soľ, 1 lyžička
1 šálka horúceho mlieka
2 šálky teplej vody
5 šálok múky
3 polievkové lyžice cukru
1 vaječný bielok, vyšľahaný
suché droždie, $\frac{1}{2}$ lyžice
2 polievkové lyžice masla
1/3 šálky oleja
4 šálky múky

INŠTRUKCIE

Mlieko by sa malo zohrievať, kým sa okolo okrajov panvice nezačnú objavovať bubliny, a potom pridajte vodu, cukor a droždie.
Pridajte múku, olej a soľ.
Dôkladne premiešame a dobre premiešame.
Nechajte 1 hodinu kysnúť a zdvojnásobiť objem.
Po holandsky naaranžujeme do vrkoča a potom potrieme rozšľahaným bielkom a poprášime sezamovými semienkami.
Nechajte kysnúť.
Pečieme 35 minút pri 350 stupňoch.

VÝŽIVA

89 kalórií, 2 g tuku, 0 nasýtených tukov, 14 g sacharidov, 4 g bielkovín

31. Kváskový chlieb Dutch Oven

CELKOVÝ ČAS VARENIA: 25 MINÚT
Porcie: 6
VYBAVENIE: 12-PALCOVÁ HOLANDSKÁ RÚRA

INGREDIENCIE :

1 balenie sušeného droždia
Soľ, 1 lyžička
1 vajce
2 polievkové lyžice cukru
1 šálka teplej vody
2 polievkové lyžice masla alebo oleja
3 šálky múky

INŠTRUKCIE

Droždie rozpustite v cukrovej vode.
Vmiešame soľ.
Pridajte maslo, vajce a múku.
Pečieme 25 minút, 8 minút dole a 14 minút navrchu do zlatista.

VÝŽIVA

Kalórie: 188 kcal | Sacharidy: 39g | Bielkoviny: 6g | Tuky: 1g | Nasýtené tuky: 1g | Sodík: 437 mg, Vláknina: 2 g | Cukor: 1 g

32. Holandská rúra francúzske rolky

CELKOVÝ ČAS VARENIA: 20 MINÚT
porcie: 12 ROLÍČOK
VYBAVENIE: 12-PALCOVÁ HOLANDSKÁ RÚRA

INGREDIENCIE :

2 polievkové lyžice masla
2 lyžičky droždia
2 šálky vody
4 šálky múky
1 lyžica cukru
1 lyžica sezamových semienok
Soľ, 1 lyžička

INŠTRUKCIE

Rozpustite pol hrnčeka teplej vody s droždím a cukrom, kým nezačne bublať.
Zvyšnú vodu ochuťte pomocou holandskej rúry soľou a maslom.
Pridajte múku a zmes kvasníc.
Cesto by sa malo položiť na priehľadnú, jemne poprášenú dosku.
Nechajte kysnúť pol hodiny.
Zlisujte do guľôčok.
Vložte guľky do holandskej rúry po namočení do rozpusteného masla.
Na vrch posypte sezamové semienka.
Keď zdvojnásobí svoj objem, prikryjeme a necháme kysnúť.
Počas pečenia položte na vrch asi 15 uhlíkov a na spodok 6 uhlíkov.
Keď sú žemle dozlatista opečené, vrchy potrieme maslom a podávame.

VÝŽIVA

Kalórie: 171 kcal | Sacharidy: 33g | Bielkoviny: 5g | Tuky: 2g | Nasýtené tuky: 1g | sodík: 293 mg | Draslík: 47 mg | Vláknina: 1g | Cukor: 1 g

33. Snake River Sticky Buns

CELKOVÝ ČAS VARENIA: 20 MINÚT
Porcie: 12
VYBAVENIE: 10-PALCOVÁ A 12-PALCOVÁ HOLANDSKÁ RÚRA

INGREDIENCIE :
SPODNÁ ZMES:
Mlieko, 1 šálka
1 rozšľahané vajce
$\frac{1}{2}$ šálky cukru
$\frac{1}{4}$ šálky teplej vody
Soľ, 1 lyžička
1 lyžica suchého droždia
$\frac{1}{4}$ šálky masla
3 šálky múky
PLNENIE:
$\frac{1}{2}$ šálky hnedého cukru
$\frac{1}{2}$ šálky nakrájaných datlí alebo hrozienok
1 šálka nasekaných vlašských orechov
$\frac{1}{2}$ šálky masla, rozpusteného
$\frac{1}{2}$ šálky rozpusteného masla
1 šálka hnedého cukru
Škorica, 1 polievková lyžica
1 lyžička vanilky

INŠTRUKCIE
Vmiešajte droždie do teplej vody, aby sa rozpustilo.
Zahrejte mlieko pomocou holandskej rúry, kým nebude bublať.
Pridajte soľ, maslo, cukor, vajce, múku, maslo, hnedý cukor a vanilku.
Túto zmes rozotrite v holandskej rúre s vlašskými orechmi navrchu.
Po vyvaľkaní cesto potrieme rozpusteným maslom.
Navrch posypte hnedým cukrom, škoricou a datľami alebo hrozienkami.

Z dlhšej strany zvinieme želé do rolády.
Z rolky vytvorte 12 plátkov.
Plátky poukladáme do holandskej rúry a necháme kysnúť.

VÝŽIVA

Kalórie 101, Bielkoviny 1 g, Sacharidy 12 g, Tuky 5 g, Nasýtené tuky 1 g, Vláknina 0 g, Cholesterol 0 mg, Sodík 233 mg

34. Domáce sušienky

CELKOVÝ ČAS VARENIA: 10 MINÚT
VYBAVENIE: 12-PALCOVÁ HOLANDSKÁ RÚRA
Porcie: 6

INGREDIENCIE

1 šálka múky
2 polievkové lyžice Crisco
2 polievkové lyžice múky
1/4 lyžičky sódy bikarbóny
1/2 šálky cmaru
1 lyžička prášku do pečiva
Štipka soli

INŠTRUKCIE

Vložte Crisco na dno rúry.
Zmiešajte múku, soľ, sódu bikarbónu, Crisco, cmar a premiešajte vidličkou.
Cesto rozložíme a vymiesime na pomúčenej doske.
Na rezanie použite pohár alebo hrnček.
Vložíme do rúry a pečieme pri teplote 500 stupňov 8 minút.

VÝŽIVA

78 kalórií, 9 g sacharidov, 4 g tuku, 0 g bielkovín

35. Kukuričný chlieb Razorback

CELKOVÝ ČAS VARENIA: 25 MINÚT
porcie: 10-12
VYBAVENIE: 12-PALCOVÁ HOLANDSKÁ RÚRA

INGREDIENCIE

3 štipľavé čili papričky, konzervované, mleté
8 uncí bravčovej klobásy, varenej a nastrúhanej
2 šálky kukuričnej múky
2 šálky cmaru
1 cibuľa, nakrájaná
3 lyžičky prášku do pečiva
1 plechovka kukurice
Štipka soli
2 vajcia, rozšľahané
½ šálky viacúčelovej múky
1 lyžička sódy bikarbóny
½ šálky syra čedar, strúhaného

INŠTRUKCIE

Zmiešajte všetky ingrediencie.
Zmesou naplňte naolejovanú holandskú rúru a pečte pri 450 °C 25 minút.

VÝŽIVA

Kalórie: 255 kcal, Sacharidy: 34 g, Bielkoviny: 7 g, Tuky: 11 g, Nasýtené tuky: 7 g, Vláknina: 3 g, Cukor: 3 g

36. Chutný kukuričný chlieb

CELKOVÝ ČAS VARENIA: 40 MINÚT
Porcie: 6
VYBAVENIE: 12-PALCOVÁ HOLANDSKÁ RÚRA

INGREDIENCIE
2 šálky univerzálnej múky
Prášok do pečiva, 2 polievkové lyžice
3 vajcia
Kukuričná múka, 2 šálky
Mlieko, 2 šálky
Štipka soli
Rastlinný olej, 1 šálka
1 šálka cukru

INŠTRUKCIE
Všetky položky dôkladne premiešajte.
Nalejte do holandskej rúry.
Varte 40 minút.

VÝŽIVA
Kalórie: 255 kcal, Sacharidy: 34 g, Bielkoviny: 7 g, Tuky: 11 g, Nasýtené tuky: 7 g, Vláknina: 3 g, Cukor: 3 g

37. Holandské rožky do rúry

CELKOVÝ ČAS VARENIA: 30 MINÚT
Porcie: 12
VYBAVENIE: 12-PALCOVÁ HOLANDSKÁ RÚRA

INGREDIENCIE

1/8 lyžičky cukru
Maslo, 1 polievková lyžica
3 šálky múky
Teplá voda, 1/4 šálky
Soľ, 1 lyžička
Mlieko, 1 šálka
1 polievková lyžica droždia
1 polievková lyžica cukru

INŠTRUKCIE

Zmiešajte teplú vodu a droždie s 1/8 lyžičky cukru.
Zmiešajte mlieko, maslo, soľ, zvyšný cukor, múku a tiež droždie.
Na rovnú plochu rozsypte časť zvyšnej múky a dobre premiešajte.
Umiestnite rolky do rúry a potom ich pečte 30 minút, kým nie sú na vrchu hnedé.

VÝŽIVA

Kalórie 101, Bielkoviny 1 g, Sacharidy 12 g, Tuky 5 g, Nasýtené tuky 1 g, Vláknina 0 g, Cholesterol 0 mg, Sodík 233 mg

38. Opičí chlieb v holandskej peci

CELKOVÝ ČAS VARENIA: 30 MINÚT
Porcie: 12
VYBAVENIE: 12-PALCOVÁ HOLANDSKÁ RÚRA

INGREDIENCIE

2 polievkové lyžice škorice
1 šálka rozpusteného masla
2 plechovky sušienok z konzervy
1 šálka cukru
3 šálky hnedého cukru

INŠTRUKCIE

Skombinujte cukor a škoricu.
Plátky koláča vložíme do holandskej rúry po jemnom poprášení škoricovo-cukrovou zmesou.
Pridáme rozpustené maslo a hnedý cukor.
Dáme piecť na 30 minút na 350 stupňov.

VÝŽIVA

Kalórie 101, Bielkoviny 1 g, Sacharidy 12 g, Tuky 5 g, Nasýtené tuky 1 g, Vláknina 0 g, Cholesterol 0 mg, Sodík 233 mg

39. Cinnamon Knockouts

CELKOVÝ ČAS VARENIA: 40 MINÚT
VYBAVENIE: 12-PALCOVÁ HOLANDSKÁ RÚRA
Porcie: 6

INGREDIENCIE

4 rolky z chladničky, vymastené maslom
Roztopené maslo, 1/2 šálky
Škorica, 1 polievková lyžica
Hnedý cukor, 1/2 šálky
1/2 balenia karamelového pudingu
Cukor, 1/2 šálky
1 lyžica hrozienok
1 lyžica orechov

INŠTRUKCIE

Predhrejte a naolejujte holandskú rúru
Zmiešajte puding a cukry a potom žemle vyvaľkajte v cukrovej zmesi.
Poukladajte rolky v rúre a posypte škoricou, hrozienkami a orechmi.
Pri vrstvení prekrývajte spodnú vrstvu zvyšnými máčanými rolkami.
Na muffiny rovnomerne rozložte zvyšnú cukrovú zmes.
Žemle pokvapkáme zvyškom masla.
Pridajte viac škorice.
Pečieme s pokrievkou 40 minút pri 350 stupňoch.

VÝŽIVA

Kalórie 101, Bielkoviny 1 g, Sacharidy 12 g, Tuky 5 g, Nasýtené tuky 1 g, Vláknina 0 g, Cholesterol 0 mg, Sodík 233 mg

40. Základné sušienky Dutch Oven

CELKOVÝ ČAS VARENIA: 15 MINÚT
VYBAVENIE: 12-PALCOVÁ HOLANDSKÁ RÚRA
porcie: 30 COOKIES

INGREDIENCIE

6 lyžíc oleja na varenie
Soľ, 1 lyžička
Prášok do pečiva, 6 lyžičiek
Múka, 3 šálky
Mlieko, 1 šálka

INŠTRUKCIE

Všetko skombinujte.
Vyvaľkáme na múkou posypanej ploche, nakrájame a poukladáme na dno rúry.
Pečieme asi 15 minút.

VÝŽIVA

Kalórie: 120, celkový tuk: 5 g, nasýtený tuk: 3,5 g, sodík: 100 mg, sacharidy: 16 g, vláknina: 0 g, celkový obsah cukrov: 9 g, bielkoviny: 2 g

41. Obyčajný kukuričný chlieb

CELKOVÝ ČAS VARENIA: 55 MINÚT
Porcie: 12
VYBAVENIE: 12-PALCOVÁ HOLANDSKÁ RÚRA

INGREDIENCIE

1 škatuľka zmesi rýchleho kukuričného chleba
1 plechovka smotanovej kukurice
1 vajce
Mlieko na prípravu zvyšku tekutiny potrebnej na zmes

INŠTRUKCIE

Všetko skombinujte.
Nalejte do holandskej rúry, ktorá bola bohato naolejovaná.
Varte asi 55 minút.

VÝŽIVA

Kalórie: 255 kcal, Sacharidy: 34 g, Bielkoviny: 7 g, Tuky: 11 g, Nasýtené tuky: 7 g, Vláknina: 3 g, Cukor: 3 g

PIZZA

2. Holandská pec Pepperoni pizza

CELKOVÝ ČAS VARENIA: 25 MINÚT
Porcie: 6
VYBAVENIE: 12-PALCOVÁ HOLANDSKÁ RÚRA

INGREDIENCIE

2 balenia polmesiacových roliek
Cibuľový prášok, 1 lyžička
Pizza omáčka, 1 plechovka
2 libry mletého hovädzieho mäsa, varené
8 oz. strúhaný syr mozzarella
4 unce feferóniek
8 oz. syr čedar, strúhaný
2 čajové lyžičky oregana
Cesnakový prášok, 1 lyžička

INŠTRUKCIE

Na hornú časť holandskej rúry položte 1 balenie polmesiaca.
Cez kôru namažte pizzu, oregano, cesnakový prášok, cibuľový prášok, hovädzie mäso a feferónky.
Polmesiačiky z druhej škatule by sa mali použiť na vytvorenie vrchnej kôrky po pridaní syrov.
Pečieme asi 25 minút.

VÝŽIVA

380 kalórií, 17 g tuku, 6 g nasýtených tukov, 40 g sacharidov a 16 g bielkovín.

3. Pepperoni pizza chilli

CELKOVÝ ČAS VARENIA: 25 MINÚT
VYBAVENIE: 12-PALCOVÁ HOLANDSKÁ RÚRA
Porcie: 6

INGREDIENCIE

4 strúčiky cesnaku, mleté
16 uncí salsy
1 libra horúcej talianskej klobásy
16 oz. čili fazuľky
1/2 lyžičky papriky
2 libry mletého hovädzieho mäsa
1 paprika, nasekaná
16 uncí fazule, prepláchnutej a scedenej
12 uncí pizzovej omáčky
3 šálky syra mozzarella, nastrúhaný
Voda, 1 šálka
8 uncí nakrájaných feferóniek, nakrájaných na polovicu
1 cibuľa, nakrájaná
Chilli prášok, 2 lyžičky
1/Soľ, 2 lyžičky

INŠTRUKCIE

Uvarte cibuľu, zelenú papriku a cesnak a potom pridajte hovädzie mäso a klobásu.
Pridajte vodu, čili prášok, soľ, korenie, salsu, fazuľu, omáčku na pizzu a feferónky.
Zakryte a znížte teplotu.

VÝŽIVA

460 kalórií, 28 g tuku, 10 g nasýtených tukov, 20 g sacharidov a 33 g bielkovín.

44. Pizza vyprážaná v holandskej peci

CELKOVÝ ČAS VARENIA: 25 MINÚT
Porcie: 6
VYBAVENIE: 12-PALCOVÁ HOLANDSKÁ RÚRA

INGREDIENCIE :

CESTO NA PIZZU:
1 balenie aktívneho sušeného droždia
1 lyžička rastlinného oleja
Teplá voda, 1 šálka
3 šálky múky
Soľ, 1 lyžička

PIZZA OMÁČKA
16-uncová plechovka paradajkovej omáčky
Cesnak, 2 strúčiky
1 lyžica cibule, nakrájaná na kocky
1 polievková lyžica oleja
talianske korenie, 1 lyžička

PIZZA POVINKY:
Huby
Pepperoni
olivy
Ananás
Syr mozzarella

INŠTRUKCIE
Droždie rozpustite v teplej vode.
Na rozohriatom oleji orestujeme cesnak a cibuľu.
Pridajte talianske korenie a paradajkovú omáčku spolu so zvyškom ingrediencií.
Vytvorte guľu z cesta na pizzu.
Do stredu kruhu položte syr a všetky ďalšie polevy.
Prázdna polovica by mala byť preložená, potom by sa mali strany spojiť, aby sa utesnila.

Vložte do panvice s už rozohriatym olejom a opečte dozlatista. Dokončite strúhaným syrom a omáčkou na pizzu.

VÝŽIVA

705 kalórií, 41 g tuku, 61 g sacharidov, 23 g bielkovín

45. Dutch Oven Crescent pizza roll

CELKOVÝ ČAS VARENIA: 30 MINÚT
Porcie: 6
VYBAVENIE: 12-PALCOVÁ HOLANDSKÁ RÚRA

INGREDIENCIE

Polmesiaca rolky, 2 balenia
1 libra mletého hovädzieho mäsa, varené a scedené
8 uncí strúhaného syra čedar
1 pohár omáčky na pizzu
8 oz. strúhaný syr mozzarella

INŠTRUKCIE

Vložte 1 balíček polmesiacových roliek do holandskej rúry.
Cez kôru potrieme trochou pizzovej omáčky.
Druhý balík žemlí by sa mal použiť na vytvorenie vrchnej kôrky pred pridaním syrov a vareného hovädzieho mäsa.
Pečieme 30 minút.

VÝŽIVA

Kalórie: 182, Tuky: 12 g, Nasýtené tuky: 6 g, Sacharidy: 13 g, Vláknina: 1 g, Cukor: 4 g, Bielkoviny: 5 g

46. Holandská rúra Calzone

CELKOVÝ ČAS VARENIA: 25 MINÚT
Porcie: 6
VYBAVENIE: 12-PALCOVÁ HOLANDSKÁ RÚRA

INGREDIENCIE

1 lyžica cukru
1 polievková lyžica droždia
Soľ, 1 lyžička
2 šálky teplej vody
6 šálok univerzálnej múky
1/4 šálky olivového oleja

INŠTRUKCIE

Zmiešajte vodu, droždie a cukor a potom pridajte 2 šálky múky, soli a olivového oleja, kým sa cesto nespracuje.
Narovnajte na tenké plátky pizze.
Navrch nalejte preferované polevy.
Zviažte a zaistite a pečte 15 minút.

VÝŽIVA

500 kalórií; tuk 21 g; nasýtené tuky 9 g; sacharidy 42 g; Bielkoviny 31g; sodík 782 mg

47. Holandská pizza s čedarom

CELKOVÝ ČAS VARENIA: 20 MINÚT
Porcie: 6
VYBAVENIE: 12-PALCOVÁ HOLANDSKÁ RÚRA

INGREDIENCIE

Rastlinný olej alebo nelepivý sprej
nakrájanú cibuľu
strúhaný syr čedar
Cesnakový prášok
Predpripravená rúra na cesto na pizzu
Štipka soľ a korenie
strúhaný syr mozzarella
1 plechovka paradajkovej omáčky
plátky feferóniek

INŠTRUKCIE

V olejom vymastenom dne holandskej rúry rozložte cesto na pizzu.
Potrite kôru pizze paradajkovou omáčkou, potom dochuťte soľou, korením a cesnakovým práškom.
Pridajte feferónky a cibuľu a pečte asi 20 minút.
Na posledných 10 minút dokončite mozzarellou a syrom čedar.

VÝŽIVA

380 kalórií, 17 g tuku, 6 g nasýteného tuku, 750 mg sodíka, 40 g sacharidov a 16 g bielkovín.

48. Pivné cesto na pizzu Dutch Oven

CELKOVÝ ČAS VARENIA: 35 MINÚT
PORCIE: 1 libra CESTO
VYBAVENIE: 12-PALCOVÁ HOLANDSKÁ RÚRA

INGREDIENCIE

2 lyžičky droždia
Kosher soľ, 2 lyžičky
3 šálky univerzálnej múky
1 lyžica olivového oleja
12-uncové pivo

INŠTRUKCIE

Zmiešajte droždie, múku, soľ, pivo a olivový olej.
Z cesta vytvorte guľu, potom ju položte na pergamenový papier a vložte do stredu holandskej rúry.
Pečieme pri 450 stupňoch aspoň 35 minút.

VÝŽIVA

304 KALÓRIÍ, 1 g TUKU, 64 g SACHARIDOV, 9 g PROTEÍNOV

PREDJEDÁVKY

49. Karfiolové a čedarové lievance

CELKOVÝ ČAS VARENIA: 25 MINÚT
Porcie: 24
VYBAVENIE: 12-PALCOVÁ HOLANDSKÁ RÚRA

INGREDIENCIE

½ lyžičky soli
1 šálka syra čedar, nastrúhaného
1 vajce
1 lyžica cibule, nakrájaná na kocky
Karfiol, 2 šálky
Prášok do pečiva, 2 lyžičky
Zeleninový olej
Mlieko, 1 šálka
2 šálky univerzálnej múky

INŠTRUKCIE

Zmiešajte všetky ingrediencie.
Zahrejte olej na 375 stupňov.
Do oleja dajte kopcovitú polievkovú lyžicu cesta a lievance smažte jednu minútu z každej strany alebo do zlatista.

VÝŽIVA

Kalórie 244, tuky 13 g, sacharidy 21 g, vláknina 3 g, cukor 3 g, bielkoviny 9 g

0. Zemiakové placky plnené syrom

CELKOVÝ ČAS VARENIA: 8 MINÚT
porcie: 10 FRITTEROV
VYBAVENIE: 12-PALCOVÁ HOLANDSKÁ RÚRA

INGREDIENT

2 libry pečených zemiakov, varené
⅓šálky zmäknutého masla
½ lyžičky papriky
štipka muškátový oriešok
5 vaječných žĺtkov
2 polievkové lyžice petržlenu
Soľ, 1 lyžička
2 šálky talianskej strúhanky
1 šálka viacúčelovej múky
4 unce syra mozzarella
2 vajcia, zľahka rozšľahané

INŠTRUKCIE

Pred pridaním ďalších prísad vrátane vaječných žĺtkov skombinujte zemiaky s maslom.
Urobte 10 lievikov a každý obložte kúskom syra, aby ste vytvorili ovál.
Každý jemne pomúčte, potom ich namočte do rozšľahaných vajec a obaľte v talianskej strúhanke; chladiť.
Zahrejte olej na 350 stupňov a vyprážajte lievance 8 minút, raz otočte.

VÝŽIVA

488 kalórií, 34 g tuku, 11 g nasýtených tukov, 36 g sacharidov a 12 g bielkovín.

61. Indické hranolky s kari rascou

CELKOVÝ ČAS VARENIA: 5 MINÚT
Porcie: 6
VYBAVENIE: 12-PALCOVÁ HOLANDSKÁ RÚRA

INGREDIENCIE

1 červenohnedý zemiak nakrájaný na prúžky a namočený
1 liter rastlinného oleja na vyprážanie
1/4 čajovej lyžičky kari
1/4 lyžičky rasce
soľ

INŠTRUKCIE

Olej zohrejte v holandskej rúre na 275 stupňov a potom zemiaky smažte 6 minút, otočte ich a smažte ďalšie 3 minúty. Zvýšte teplotu na 350 stupňov a potom hranolky znova smažte na 5 minút.
Vložte všetky hranolky do misy, posypte ich soľou, rascou a kari a dobre premiešajte.

VÝŽIVA

Kalórie. 8; Tuk. 0,47 g; Sacharidy. 0,93 g; Proteín. 0,37 g

52. Meatloaf Burgers

CELKOVÝ ČAS VARENIA: 10 MINÚT
Porcie: 6
VYBAVENIE: 12-PALCOVÁ HOLANDSKÁ RÚRA

INGREDIENCIE :
$\frac{1}{4}$ šálky BBQ omáčky
2-librový hamburger
Worcestershire omáčka, 1 polievková lyžica
$\frac{1}{4}$ šálky paradajkovej omáčky
2 vajcia
8 sušienok, rozdrvených
1 cibuľa, nakrájaná
Soľ, 1 lyžička
1 lyžička papriky
1 lyžica nasekanej petržlenovej vňate
1 lyžička mletého oregana

INŠTRUKCIE
Zmiešajte všetky ingrediencie a vytvorte 8 placiek.
Na vyhrievané veko položte karbonátky.
Po 4 minútach varenia otočte a varte ďalšie 4 minúty.

VÝŽIVA
kalórie: 524 kcal, sacharidy: 43 g, bielkoviny: 27 g, tuky: 26 g, nasýtené tuky: 10 g, cholesterol: 109 mg, sodík: 1123 mg, draslík: 560 mg, vláknina: 2 g, cukor: 15 g

3. Dezertné burrito Dutch Oven

CELKOVÝ ČAS VARENIA: 25 MINÚT
Porcie: 6
VYBAVENIE: 12-PALCOVÁ HOLANDSKÁ RÚRA

INGREDIENCIE :
1 plechovka koláčová náplň
12 múčnych tortíl
šľahaná poleva

INŠTRUKCIE
Nalejte náplň do holandskej rúry.
Na zohriatu pokrievku položte tortillu, na jednej strane ju zohrejte, potom otočte a druhú zohrejte.
Vezmite tortillu, natrite na ňu koláčovú plnku, zrolujte ju ako burrito, potom nalejte šľahačku, aby ste si pripravili burrito.

VÝŽIVA
Kalórie: 665 kcal | Sacharidy: 3,6g | Bielkoviny: 39g | Tuky: 53,5g | Nasýtené tuky: 16,6 g | Cholesterol: 161 mg | sodík: 644 mg | Draslík: 97 mg | Vláknina: 1g | Cukor: 2,1 g

4. Taco koláč z holandskej rúry

CELKOVÝ ČAS VARENIA: 25 MINÚT
Porcie: 6
VYBAVENIE: 12-PALCOVÁ HOLANDSKÁ RÚRA

INGREDIENCIE

1 plechovka zelených čili papričiek
1/4 lyžičky červenej papriky
4 kukuričné tortilly, pečené
1 plechovka paradajkového pretlaku
1/4 lyžičky rasce
1 fľaša taco omáčky
2 libry mletého hovädzieho mäsa
1 cibuľa, nakrájaná
8 oz. Syr Monterey jack strúhaný

INŠTRUKCIE

Podusíme mleté mäso a cibuľu.
Pridajte červenú papriku, rascu, zelené čili, paradajkový pretlak a taco omáčku.
Omotajte hliníkovú fóliu okolo holandskej rúry.
Na vrch tortilly položte polovicu zmesi mletého hovädzieho mäsa a polovicu zmesi omáčky.
Rozložte zvyšnú zmes mäsa a omáčky na vrch druhej vrstvy tortilly.
Na vrch dáme syr.
Pečieme s pokrievkou, kým sa syr neroztopí.

VÝŽIVA

Kalórie 525, Tuky 20,2 g, Sodík 1487,4 mg, Sacharidy 50,6 g, Cukry 5,8 g, Bielkoviny 37,3 g

55. Holandská pec Zelená fazuľová sekaná

CELKOVÝ ČAS VARENIA: 30 MINÚT
Porcie: 6
VYBAVENIE: 12-PALCOVÁ HOLANDSKÁ RÚRA

INGREDIENCIE :

1 šálka cibule, nakrájanej na kocky
2 šálky zemiakovej kaše
14-uncová plechovka zelených fazúľ, scedená
1 libra hamburgeru
10-uncová plechovka paradajkovej polievky
½ šálky strúhaného syra čedar

INŠTRUKCIE

V holandskej rúre opečte burger a potom sceďte.
Pridajte zelené fazuľky a jednu plechovku paradajkovej polievky.
Pridajte syr a zemiakovú kašu a pečte, kým sa syr neroztopí.

VÝŽIVA

Kalórie: 356 kcal | Sacharidy: 10g | Bielkoviny: 23g | Tuky: 25g | Nasýtené tuky: 9 g | sodík: 474 mg | Vláknina: 1 g

56. Vynikajúce Čile Relleno

CELKOVÝ ČAS VARENIA: 1 HODINA
Porcie: 6
VYBAVENIE: 12-PALCOVÁ HOLANDSKÁ RÚRA

INGREDIENCIE :

30 uncí odpareného mlieka
14 uncí celých zelených čili papričiek, olúpaných
Syr čedar, 1 libra
Syr Monterey Jack, 1 libra
4 vajcia
16 uncí plechovka paradajkovej omáčky
2 polievkové lyžice štyri

INŠTRUKCIE

Navrstvite chilli papričky a na vrch hojne posypte syrom.
Pridajte múku a odparené mlieko a premiešajte.
Pečieme asi 35 minút.
Navrstvíme paradajkovú omáčku a Monterey Jack a varíme ďalších 17 minút.

VÝŽIVA

Kalórie 421, Tuky 33 g, Nasýtené tuky 19 g, Cholesterol 202 mg, Sodík 480 mg, Sacharidy 6 g, Vláknina 1 g

67. indický pemmican

CELKOVÝ ČAS VARENIA: 10 MINÚT
VYBAVENIE: 12-PALCOVÁ HOLANDSKÁ RÚRA
Porcie: 4

INGREDIENCIE

1 šálka hrozienok
2 libry hovädzieho trhaného mäsa
1/2 šálky hrozienok
hovädzí loj

INŠTRUKCIE

Mäso rozmixujeme na jemné pyré pomocou mixéra a potom pridáme hrozienka.
Prevráťte na panvicu a nechajte úplne vychladnúť.
Nakrájajte na prúžky a potom na široké tyčinky.
Na uloženie použite vrecká Ziploc.

VÝŽIVA

Kalórie: 388 kcal, Sacharidy: 1 g, Bielkoviny: 34 g, Tuky: 28 g, Cukor: 1 g

58. Klobásové guličky v holandskej peci

CELKOVÝ ČAS VARENIA: 15 MINÚT
VYBAVENIE: 12-PALCOVÁ HOLANDSKÁ RÚRA
PORCIE: 6 DESIATOK

INGREDIENCIE

3 šálky sušienky
1 vajce
6 uncí syra čedar, strúhaného
1 libra klobásy

INŠTRUKCIE

Všetko skombinujte rukami.
Z odštipnutých kúskov vytvorte guľôčky.
Varte pri 350 stupňoch 15 minút

VÝŽIVA

Kalórie 199 kcal, Bielkoviny 8 g, Tuky 17 g, Nasýtené tuky 7 g, Cholesterol 51 mg, Sodík 881 mg

POLIEVKY, DUŠENÉ A CHILI

59. Talianska polievka Minestrone

CELKOVÝ ČAS VARENIA: 20 MINÚT
Porcie: 4
VYBAVENIE: 12-PALCOVÁ HOLANDSKÁ RÚRA

INGREDIENCIE :

1 mrkva, nakrájaná
1 lyžička sušenej bazalky
1 cibuľa, nakrájaná
4 strúčiky cesnaku, mleté
Olivový olej, 4 lyžičky
Vývar, 4 šálky
3 oz. quinoa škrupiny cestovín
1 čajová lyžička sušeného oregana
2 stonky zeleru, nakrájané
15-uncová plechovka cannellini fazule
Štipka čierneho korenia
1 feniklová cibuľka, nasekaná
1 cuketa, nakrájaná
4 šálky baby špenátu
14 uncí nakrájaných pečených paradajok
1 lyžička morskej soli

TRASA :

Na troche oleja orestujte cibuľu, cesnak, zeler, mrkvu, bazalku a oregano ; dusíme za občasného miešania 3 minúty .
Cuketu a fenikel spolu varte ďalšie 3 minúty.
Pridajte vývar a paradajky .
Keď sú cestoviny takmer hotové, pridajte zeleninu , znížte teplotu na mierny oheň a varte 8 minút.
Po pridaní fazule a špenátu varte ďalšie tri minúty.

VÝŽIVA

Kalórie: 201 kcal | Nasýtené tuky: 0,4g | Tuky: 2,6g | Bielkoviny: 9,3g | Sacharidy: 31,8 g | Cukor: 6,2g | Vláknina: 11,9 g

60. Americké biele čili

CELKOVÝ ČAS VARENIA: 30 MINÚT
Porcie: 4
VYBAVENIE: 12-PALCOVÁ HOLANDSKÁ RÚRA

INGREDIENCIE :

1 šálka suchej quinoa, opláchnutá a uvarená
1/4 šálky nasekaného koriandra
30 uncí cannellini fazule, scedených
2 lyžice olivového oleja
4 strúčiky cesnaku, mleté
Údená paprika, 1/2 lyžičky
Chilli prášok, 1 polievková lyžica
1 lyžička mletého koriandra
1 lyžička morskej soli
2 šálky zeleninového vývaru
1 jalapeňo
2 čajové lyžičky sušeného oregana
2 cibule, nakrájané
2 papriky, nakrájané

TRASA :

Na oleji orestujte cibuľu, papriku a cesnak 3 minúty.
A príd korenie , fazuľa a vývar ; b priveďte do varu .
Varte 18 minút za občasného miešania prikryté.
Pridajte soľ a koriandr .

VÝŽIVA

310 kalórií, 35 g sacharidov, 36 g bielkovín, 4 g tuku

61. Zlatá tekvicová polievka s chrumkavou šalviou

CELKOVÝ ČAS VARENIA: 15 MINÚT
Porcie: 6
VYBAVENIE: 12-PALCOVÁ HOLANDSKÁ RÚRA

INGREDIENCIE

Škoricový prášok, 1 lyžička
Kajenský prášok, 1 lyžička
2 polievkové lyžice čistého javorového sirupu
1 lyžica mletej šalvie
14 uncí kokosového mlieka
Olivový olej, 2 polievkové lyžice
5 šálok tekvice nakrájanej na kocky a grilovanej
Kóšer soľ a mleté korenie
1 šalotka, nakrájaná na kocky
Štipka morskej soli
4 lyžice slaného masla
1 šálka surových tekvicových semienok, opečených

INŠTRUKCIE

Rúru nastavte na 400 °F.
V hrnci z holandskej rúry primiešajte maslovú tekvicu, šalotku, olivový olej, javorový sirup, mletú šalviu, kajenské korenie, škoricu a štipku soli a korenia.
Opečenú zeleninu rozmixujeme s trochou vody do hladka.
Pridáme polovicu masla a kokosové mlieko a 5 minút podusíme.
Roztopte zvyšné maslo a celé lístky šalvie opekajte jednu minútu z každej strany.
Pridajte soľ do šalvie a tekvicových semien v panvici.
Podávame ozdobené chrumkavými lístkami šalvie a tekvicovými semiačkami.

VÝŽIVA

Kalórie: 889 kcal | Sacharidy: 97g | Bielkoviny: 16g | Tuky: 58g | Nasýtené tuky: 34 g | Cholesterol: 136 mg | Sodík: 1486 mg | Draslík: 4698 mg | Vláknina: 8g | Cukor: 41 g

2. Polievka z pečených paradajok s maslom

CELKOVÝ ČAS VARENIA: 10 MINÚT
Porcie: 4
VYBAVENIE: 12-PALCOVÁ HOLANDSKÁ RÚRA

INGREDIENCIE

PARADAJKOVÁ BAZALKOVÁ POLIEVKA

1 šálka plnotučného mlieka
1 cibuľa
2 lyžice tymiánu
28 uncí celých lúpaných paradajok, pražených
Kóšer soľ a mleté korenie
3 lyžice slaného masla
6 lyžíc citrónovo bazalkového pesta

INŠTRUKCIE

Pečené paradajky, cibuľu a mlieko rozmixujeme do hladka.
Všetko skombinujte, okrem pesta, pomocou holandskej rúry a dôkladne to zohrejte 3 minúty na 425 °F.
Posypeme 3 polievkovými lyžicami pesta.

VÝŽIVA

Kalórie: 175 kcal | Sacharidy: 12g | Bielkoviny: 2g | Tuky: 13g | Nasýtené tuky: 3 g | sodík: 523 mg | Vláknina: 1g | Cukor: 7 g

63. Kuracia polievka s hubami

CELKOVÝ ČAS VARENIA: 40 MINÚT
Porcie: 8
VYBAVENIE: 12-PALCOVÁ HOLANDSKÁ RÚRA

INGREDIENCIE

10 strúčikov cesnaku, mletého
1 lyžička červenej papriky, nakrájanej na kocky
2 bobkové listy
12 uncí kelu, stonky odstránené, listy zlomené
1 libra vopred nakrájaných húb obohatených vitamínom D
2 libry vykostené kuracie prsia bez kože
2 šálky cibule, nakrájanej na kocky
2 lyžice kokosového oleja
15 oz. cícer, scedený
8 šálok kuracieho vývaru bez soli
3 stonky zeleru, nakrájané na plátky
2 mrkvy, nakrájané na plátky
4 vetvičky tymiánu
Kosher soľ, 2 lyžičky

INŠTRUKCIE

Na oleji orestujte mrkvu, cibuľu a zeler 5 minút.
Pridajte huby, cesnak, cícer, vývar, tymián a bobkové listy a priveďte do varu.
Pridajte kurča, soľ a korenie a potom kurča dusíme asi 30 minút.
Nakrájajte mäso a vyhoďte kosti.
Kel povaríme 5 minút a potom pridáme nakrájané kuracie mäso.

VÝŽIVA

239 kalórií; Bielkoviny 18g; Sacharidy 24 g; Tuky 9 g; Nasýtené tuky 2 g

4. Polievka obohatená o Dutch Oven

CELKOVÝ ČAS VARENIA: 30 MINÚT
Porcie: 8
VYBAVENIE: 12-PALCOVÁ HOLANDSKÁ RÚRA

INGREDIENCIE

1 libra vopred nakrájaných húb obohatených vitamínom D
2 lyžice oleja
2 šálky cibule, nakrájanej na kocky
10 strúčikov cesnaku, mletého
12 oz. kučeravý kel, stonky odstránené, listy polámané
8 šálok kuracieho vývaru bez soli
Kosher soľ, 2 lyžičky
3 stonky zeleru, nakrájané na plátky
2 libry moriaka bez kostí a kože
4 vetvičky tymiánu
2 bobkové listy
2 mrkvy, nakrájané na plátky
15 oz. cícer, scedený
1 lyžička mletej červenej papriky

INŠTRUKCIE

Na oleji opražte všetky ingrediencie okrem moriaka a kelu; prikryjeme a dusíme 25 minút.
Pridajte morku a kel do vývaru; prikryjeme a varíme 5 minút.

VÝŽIVA

Kalórie 253, Tuky 6,5 g, Nasýtené tuky 1 g, Bielkoviny 28 g, Sacharidy 22 g, Vláknina 6 g, Cholesterol 54 mg

5. Zlatá kurkumová karfiolová polievka

CELKOVÝ ČAS VARENIA: 30 MINÚT
Porcie: 4
VYBAVENIE: 12-PALCOVÁ HOLANDSKÁ RÚRA

INGREDIENCIE

3 strúčiky cesnaku, mleté
3 lyžice hroznového oleja
$\frac{1}{8}$ lyžice drvených vločiek červenej papriky
1 polievková lyžica kurkumy
$\frac{1}{4}$ šálky plnotučného kokosového mlieka
6 šálok ružičiek karfiolu
1 lyžica rascového prášku
1 cibuľa alebo feniklová cibuľa, mletá
3 šálky zeleninového vývaru

INŠTRUKCIE

Nastavte rúru na 450 stupňov.
Karfiol a cesnak uvaríme na oleji.
Premiešajte, aby sa rovnomerne obalili vločkami kurkumy, rasce a červenej papriky.
Karfiol rozložte v jednej vrstve na plech a pečte 30 minút alebo do zlatista.
Na zvyšnej 1 polievkovej lyžici oleja poduste v holandskej rúre cibuľu.
V hrnci zmiešame zvyšný karfiol s cibuľou a zeleninovým vývarom.
Pyré do hladka a podávame s trochou kokosového mlieka.

VÝŽIVA

Kalórie: 207 kcal | Sacharidy: 33,5g | Bielkoviny: 9,2g | Tuky: 5,4g | Nasýtené tuky: 1g | Draslík: 1226 mg | Vláknina: 8g | Cukor: 8,3g | Železo: 2 mg

56. Dutch Oven polievka na kocovinu

CELKOVÝ ČAS VARENIA: 45 MINÚT
Porcie: 6
VYBAVENIE: 12-PALCOVÁ HOLANDSKÁ RÚRA

INGREDIENCIE

16-uncová konzerva kyslá kapusta; opláchnuté
2 plátky slaniny, uvarené
½ libry poľskej klobásy; nakrájané a uvarené
1 cibuľa; nasekané
2 polievkové lyžice múky
2 stonky zeleru; nakrájané na plátky
4 šálky hovädzieho vývaru
1 lyžička rasce
2 paradajky; nasekané
1 paprika; nasekané
2 lyžičky papriky
1 šálka húb, nakrájaných na plátky
½ šálky kyslej smotany

INŠTRUKCIE

Zeleninu varte do mäkka a pridajte cibuľu a zelenú papriku.
Pridáme uvarenú klobásu a slaninu, hovädzí vývar, kyslú kapustu, paradajky, papriku a rascu.
Varte 45 minút.
Zmiešame múku a kyslú smotanu a vmiešame ich do polievky.
Znovu naplňte holandskú rúru všetkým a pečte ďalšiu minútu.

VÝŽIVA

Kalórie: 40 kcal | Sacharidy: 2g | Bielkoviny: 1g | sodík: 390 mg | Draslík: 59 mg | Cukor: 1g | Vitamín A: 20IU | Vitamín C: 5,7 mg | Vápnik: 5 mg | Železo: 0,4 mg

7. Dutch Oven shoyu vývar

CELKOVÝ ČAS VARENIA: 10 MINÚT
Porcie: 4
VYBAVENIE: 12-PALCOVÁ HOLANDSKÁ RÚRA

INGREDIENCIE :
5 sušených húb shiitake, nalámaných na kúsky
4 čajové lyžičky kokosového oleja
4 polievkové lyžice granúl dashi
3 jarné cibuľky, nakrájané na plátky
1 jablko zbavené jadierok, olúpané a nakrájané
1 lyžička bieleho korenia
5 strúčikov cesnaku, olúpaných
4 kusy hovädzieho chvosta
1 cibuľa, nakrájaná na kocky
2 stonky zeleru, nakrájané
1 citrón
2 litre kuracieho vývaru
2 mrkvy, olúpané a nakrájané
175 ml sójovej omáčky
2 lyžičky soli
1 celé kura
1 bobkový list

TRASA :
Do hrnca pridajte kokosový olej, suché Shiitake, jablko, zeler, mrkvu, cibuľu a cesnak.
Pridajte kuracie mäso, hovädzí chvost a citrón.
Zahrejte holandskú rúru na 90 ° C a vložte ju do rúry na 10 hodín; privedieme polievku do varu.
Vhoďte špagety.

VÝŽIVA
Kalórie: 55 kcal, Sacharidy: 5 g, Bielkoviny: 7 g, Tuky: 1 g, Nasýtené mastné kyseliny: 1 g, Sodík: 2021 mg, Vláknina: 1 g

68. Šošovicová polievka

CELKOVÝ ČAS VARENIA: 30 MINÚT
Porcie: 4
VYBAVENIE: 12-PALCOVÁ HOLANDSKÁ RÚRA

INGREDIENCIE
1 šálka cibule, nakrájanej na kocky
2 lyžičky soli
1/2 lyžičky koriandrového prášku
2 litre kuracieho alebo zeleninového vývaru
1 libra šošovice
Nakrájané paradajky, 1 šálka
Nakrájaná mrkva, 1/2 šálky
Nasekaný zeler, 1/2 šálky
2 lyžice olivového oleja
1 lyžička rasce

INŠTRUKCIE
Na oleji orestujeme zeler, cibuľu a mrkvu so štipkou soli.
Zmiešajte koriander, rascu, šošovicu, paradajky a vývar.
Dusíme niekoľko minút.
Pomocou mixéra rozmixujte zmes na požadovanú konzistenciu.

VÝŽIVA
Kalórie: 123 kcal | Sacharidy: 22g | Bielkoviny: 7g | Tuky: 1g | Nasýtené tuky: 1g | sodík: 197 mg | Draslík: 439 mg | Vláknina: 9g | Cukor: 4 g

69. Africká arašidová polievka

CELKOVÝ ČAS VARENIA: 10 MINÚT
Porcie: 4
VYBAVENIE: 12-PALCOVÁ HOLANDSKÁ RÚRA

INGREDIENCIE

1 cibuľa, nakrájaná
1 lyžica repkového oleja
Koriander, 2 polievkové lyžice
Citrónová šťava, 2 polievkové lyžice
2 stonky zeleru, nasekané
2 polievkové lyžice nasekaných arašidov
1 strúčik cesnaku, mletý
2 mrkvy, nakrájané
1 lyžica zázvoru, mletého
3 šálky zeleninového vývaru

INŠTRUKCIE

Všetko okrem arašidového masla a citrónovej šťavy restujte 5 minút.
Preložíme do mixéra a dobre spracujeme.
Pridajte polievku späť do hrnca spolu s arašidovým maslom a citrónovou šťavou; varíme 5 minút.

VÝŽIVA

Kalórie: 30 0 ; Tuky: 7 g; Nasýtené tuky: 1 g; Sacharidy: 5 4 g; Vláknina: 8 g; cukor: 11 g; Bielkoviny: 10 g

70. Kuracia polievka Dutch Oven

CELKOVÝ ČAS VARENIA: 1 HODINA

Porcie: 8

VYBAVENIE: 12-PALCOVÁ HOLANDSKÁ RÚRA

INGREDIENCIE

2 lyžice nasekanej pažítky

3 libry vyprážaného kurčaťa

½ lyžičky estragónu, nasekaného

2 šálky nakrájaných paradajok

1 šálka kukuričných zŕn

½ šálky zelenej cibule, nakrájanej

1 lyžička bazalky, nasekaná

½ šálky lúpaného hrášku

6 šálok odtučneného kuracieho vývaru

½ šálky na kocky nakrájaných sladkých zemiakov

½ šálky suchého sherry

INŠTRUKCIE

Kuracie kúsky varte v sherry asi 10 minút a potom pridajte paradajky, kukuricu, zelenú cibuľku a sladké zemiaky.

Po pridaní hrášku, jarnej cibuľky, bazalky, estragónu a čili varte 5 minút.

Pridajte kuracie kúsky, vodu a vývar.

Dusíme 50 minút.

VÝŽIVA

Kalórie: 450, Tuky: 19 g, Nasýtené mastné kyseliny: 4 g, Sodík: 2195 mg, Sacharidy: 33 g, Vláknina: 5 g, Cukor: 8 g, Bielkoviny: 40 g

71. Nemecká zemiaková polievka

CELKOVÝ ČAS VARENIA: 1 HODINA 15 MINÚT
Porcie: 6
VYBAVENIE: 12-PALCOVÁ HOLANDSKÁ RÚRA

INGREDIENCIE :
6 šálok vody
3 šálky ošúpaných zemiakov nakrájaných na kocky
1 $\frac{1}{4}$ šálky nakrájaného zeleru
$\frac{1}{2}$ lyžičky soli
$\frac{1}{2}$ šálky cibule, nakrájanej na kocky
1/8 lyžičky papriky
Drop fašírky:
$\frac{1}{2}$ lyžičky soli
1 rozšľahané vajce
1/3 šálky vody
1 šálka viacúčelovej múky

INŠTRUKCIE
Prvých 6 ingrediencií zmiešame v holandskej rúre a dusíme približne 1 hodinu, kým nezmäknú. Odstráňte a roztlačte zeleninu
PRE BUNY:
Zmiešajte múku, vodu, soľ a vajce.
Prisypeme na horúcu polievku.
Prikryjeme a varíme asi 15 minút.

VÝŽIVA
Sacharidy 51 g; Vláknina 9 g; cukor 9 g; Tuk 0 g; Nasýtené 0 g.

72. Hamburgerová zeleninová polievka

CELKOVÝ ČAS VARENIA: 1 HODINA
Porcie: 6
VYBAVENIE: 12-PALCOVÁ HOLANDSKÁ RÚRA

INGREDIENCIE :

2 šálky zemiakov, nakrájaných na kocky
4 šálky konzervovaných paradajok
1 libra mletého hovädzieho mäsa
1 $\frac{1}{2}$ šálky nakrájaného zeleru
$\frac{1}{2}$ šálky ryže
5 šálok vody
1 šálka cibule, nakrájanej na kocky
2 šálky strúhanej kapusty
1 bobkový list

INŠTRUKCIE

Opečte cibuľu v holandskej rúre a potom opečte hovädzie mäso. Pridajte zvyšné ingrediencie a dusíme zeleninu 1 hodinu, alebo kým nie je mäkká.

VÝŽIVA

Kalórie: 207 kcal | Sacharidy: 15g | Bielkoviny: 22g | Tuky: 6g | Nasýtené tuky: 2g | Cholesterol: 47 mg | sodík: 589 mg | Draslík: 1070 mg | Vláknina: 4g | Cukor: 8 g

73. Waldorf Astoria Stew

CELKOVÝ ČAS VARENIA: 1 HODINA
Porcie: 6
VYBAVENIE: 12-PALCOVÁ HOLANDSKÁ RÚRA

INGREDIENCIE :
3 polievkové lyžice tapiokovej minúty
4 zemiaky, pozdĺžne rozrezané
1 šálka zeleru, nakrájaného na plátky
2 cibule nakrájané na kocky
1 plechovka polievkovej vody
Soľ, 1 lyžička
2 libry okrúhly steak, nakrájaný na kocky
10-uncová plechovka paradajkovej polievky
2 šálky mrkvy, nakrájanej na plátky

INŠTRUKCIE
V holandskej peci poukladajte zeleninu okolo malých kúskov mäsa.
Pridajte soľ a tapioku.
Pridajte vodu a polievku a varte asi 1 hodinu.

VÝŽIVA
360 kalórií, 10 g tuku, 3 g nasýtených tukov, 605 mg sodíka, 41 g sacharidov, 28 g bielkovín

74. Dutch Oven Mleté hovädzie chilli

CELKOVÝ ČAS VARENIA: 2 HODINY
Porcie: 6
VYBAVENIE: 12-PALCOVÁ HOLANDSKÁ RÚRA

INGREDIENCIE

1 polievková lyžica oleja
4 polievkové lyžice vody
2 čajové lyžičky soli, cukru, worcesteru, kakaa, rasce, oregana
3 šálky konzervovaných paradajok
1 lyžica omáčky Tabasco
1 cibuľa nakrájaná
1 polievková lyžica čili prášku
2 libry mletého hovädzieho mäsa
2 plechovky fazule

INŠTRUKCIE

Na oleji opražíme mleté hovädzie mäso a cibuľu.
Pridajte zvyšné ingrediencie, prikryte a varte 2 hodiny, na konci pridajte fazuľu.

VÝŽIVA

Kalórie: 276, Tuky: 10 g, Nasýtené mastné kyseliny: 3 g, Cholesterol: 40 mg, Sodík: 158 mg, Sacharidy: 27 g, Vláknina: 8 g, Cukor: 4 g, Bielkoviny: 21 g

75. Dutch Oven texaské chilli

CELKOVÝ ČAS VARENIA: 1 HODINA
Porcie: 6
VYBAVENIE: 12-PALCOVÁ HOLANDSKÁ RÚRA

INGREDIENCIE

2 libry pečeného hovädzieho mäsa
20 oz. nakrájané paradajky
1 cibuľa
1 polievková lyžica oregana
6 papričiek jalapeño, zbavených semienok a nakrájaných
Soľ, 2 lyžičky
1 lyžica rasce
6 strúčikov cesnaku, mletého
4 lyžice čili prášku
tuk zo slaniny

INŠTRUKCIE

V slaninovom tuku, hnedé hovädzie mäso, cibuľa a cesnak. Pridajte Jalapenos a ostatné ingrediencie a varte jednu hodinu.

VÝŽIVA

Kalórie 280; Celkový tuk 15g, sob. tuk 6 g; sodík 640 mg; Sacharidy 9 g; Vláknina 2 g; Cukry celkom 3 g; Bielkoviny 26 g

76. Pikantná fazuľa Pinto a klobása Chil i

CELKOVÝ ČAS VARENIA: 1 HODINA
PORCIE: 2,5 KV
VYBAVENIE: 12-PALCOVÁ HOLANDSKÁ RÚRA

INGREDIENCIE

1 libra horkej klobásy
1/2 libry sušenej fazule pinto, varené
1 libra mletého hovädzieho mäsa
1 lyžička koriandra
1 liter paradajkovej šťavy
2 cibule, nakrájané
Mletý cesnak, 2 strúčiky
6 uncí paradajkovej pasty
3 lyžice čili prášku
5 bobkových listov
Soľ, 1 lyžička
Worcestershire omáčka, 1 polievková lyžica
1 lyžica octu
1/2 lyžičky rascového prášku
1 lyžička papriky
1 lyžička mletého nového korenia
1 lyžica suchej horčice
štipka červenej papriky
1 lyžička škoricového prášku
štipka horúcej omáčky

INŠTRUKCIE

Zmiešajte hovädzie mäso, cibuľu a cesnak pomocou holandskej rúry.
Pridáme ostatné ingrediencie a dusíme 1 hodinu.
Pridáme uvarenú fazuľu a bobkový list vyhodíme.

VÝŽIVA

Kalórie: 334 kcal | Sacharidy: 33g | Bielkoviny: 17g | Tuky: 15g | Nasýtené tuky: 4 g

77. Holandské mleté hovädzie chilli

CELKOVÝ ČAS VARENIA: 1 HODINA
Porcie: 6
VYBAVENIE: 12-PALCOVÁ HOLANDSKÁ RÚRA

INGREDIENCIE

1 libra surovej fazule, uvarená a scedená
1 libra mletého hovädzieho mäsa
1 lyžica rasce
20 oz. nakrájané paradajky
2 lyžice čili prášku
1 cibuľa, nakrájaná
3 strúčiky cesnaku, mleté
1 paprika, nasekaná
Worcestershire omáčka, 1 polievková lyžica
Soľ a korenie
1 šálka červeného vína

INŠTRUKCIE

Cesnak a cibuľu opečte s mletým hovädzím mäsom.
Pridajte zvyšné komponenty.
Varte prikryté na miernom ohni asi 1 hodinu.

VÝŽIVA

Kalórie 281; Tuky 15g, Nasýtené tuky 6g; Sacharidy 10 g; cukry 3 g; Bielkoviny 25 g

'8. Dutch Oven Bravčové mäso a zelené čili

CELKOVÝ ČAS VARENIA: 1 HODINA
Porcie: 6
VYBAVENIE: 12-PALCOVÁ HOLANDSKÁ RÚRA

INGREDIENCIE

2 stonky zeleru, nakrájané
2 paradajky, nakrájané
1/2 šálky Ortega Green Chiles
Bravčové mäso, 2 libry
6 strúčikov cesnaku, mletého
3 lyžice omáčky jalapeno korenie

INŠTRUKCIE

Bravčové mäso opražte na oleji a potom pridajte zvyšné ingrediencie.
Pridajte pohár alebo dva vody.
Varte prikryté na miernom ohni 1 hodinu.

VÝŽIVA

Kalórie 492, Tuky 16,1 g, Nasýtené tuky 5,1 g, Sodík 442 mg, Sacharidy 10,3 g, Vláknina 2,8 g, Cukor 0,8 g, Bielkoviny 71,8 g

9. Čile Relleno kastról

CELKOVÝ ČAS VARENIA: 45 MINÚT
Porcie: 6
VYBAVENIE: 12-PALCOVÁ HOLANDSKÁ RÚRA

INGREDIENCIE

3 polievkové lyžice múky
1 libra syra čedar
4 vajcia
2 plechovky celých zelených čili papričiek
1 libra syra Monterey Jack
13 oz. odparené mlieko
Soľ a korenie

INŠTRUKCIE

Na čili na spodok vymasteného hrnca Dutch Oven navrstvite syr čedar.
Navrch pridajte syr Jack's a potom na vrch hrnca nalejte rozšľahané žĺtky, mlieko, múku, soľ a korenie.
Pri 325 stupňoch.Pečieme 45 minút

VÝŽIVA

Kalórie 421, Tuky 33 g, Nasýtené tuky 19 g, Cholesterol 202 mg, Sodík 480 mg, Sacharidy 6 g, Vláknina 1 g, Bielkoviny 26 g

30. Hovädzia a zeleninová polievka

CELKOVÝ ČAS VARENIA: 1 HODINA 20 MINÚT
Porcie: 4,5 KV
VYBAVENIE: 12-PALCOVÁ HOLANDSKÁ RÚRA

INGREDIENCIE

16 oz. z paradajkovej omáčky
1 červená feferónka
1 lyžička soli
1 kapusta, nakrájaná
15 oz. anglický hrášok
1 libra duseného hovädzieho mäsa, nakrájaného na kocky
1 lyžička papriky
7 šálok vody
2 kosti z hovädzej polievky
4 zemiaky, nakrájané na kocky
4 mrkvy, nakrájané
17 oz. celé jadro kukurice

INŠTRUKCIE

Naplňte holandskú rúru vodou, hovädzím mäsom a kosťami.
Dusíme jednu hodinu.
Panvicu prikryte a kocky hovädzieho mäsa varte ďalšiu hodinu.
Pridáme všetko ostatné, prikryjeme a dusíme 40 minút.
Pridajte kukuricu a hrášok a potom varte 40 minút.

VÝŽIVA

Kalórie 213, tuky 3 g, sacharidy 25 g, vláknina 5 g, bielkoviny 22 g

81. Kovbojská polievka Dutch Oven

CELKOVÝ ČAS VARENIA: 30 MINÚT
Porcie: 6
VYBAVENIE: 12-PALCOVÁ HOLANDSKÁ RÚRA

INGREDIENCIE

1 konzerva paradajok
1 plechovka zelenej fazuľky
zemiakové kolieska
1 konzerva hrášku
1 libra mletého hovädzieho mäsa
1 plechovka kukurice
Štipka muškátový oriešok, soľ a korenie
1 cibuľa
1 plechovka pečených fazúľ
Štipka čili prášku
1 plechovka paradajkovej polievky
1 bobkový list

INŠTRUKCIE

Mleté mäso a cibuľu opečte, kým nezhnedne.
Pridajte všetky ingrediencie a varte 30 minút.

VÝŽIVA

Kalórie: 273, celkový tuk: 11 g, nasýtené mastné kyseliny: 4 g, sodík: 475 mg, sacharidy: 25 g, vláknina: 4 g, cukor: 6 g, bielkoviny: 20 g

2. Zemiaky a vývar

CELKOVÝ ČAS VARENIA: 40 MINÚT
Porcie: 6
VYBAVENIE: 12-PALCOVÁ HOLANDSKÁ RÚRA

INGREDIENCIE

2 kilá nových zemiakov
6 šálok vody
6 hovädzieho bujónu

INŠTRUKCIE

Pridajte zemiaky do vriacej vody.
Pridajte vývar a varte 40 minút.

VÝŽIVA

Kalórie 240, Tuky 11g, Nasýtené tuky 5g, Sodík 299mg, Sacharidy 29g, Vláknina 3g, Bielkoviny 8g

33. Hamburgerový guláš Dutch Oven

CELKOVÝ ČAS VARENIA: 1 HODINA
porcie: 10 - 12
VYBAVENIE: 12-PALCOVÁ HOLANDSKÁ RÚRA

INGREDIENCIE

1 plechovka sušienok
2 libry mletého hovädzieho mäsa
1 cibuľa
2 strúčiky cesnaku; nasekané
28 oz. drvené paradajky
2 zemiaky, nakrájané
2 stonky zeleru
2 šálky vody
Soľ a korenie
2 mrkvy, nakrájané

INŠTRUKCIE

Opečte mäso v holandskej rúre s cibuľou a cesnakom.
Pridajte paradajky a zeleninu.
Varte 45 minút a potom dajte krekry na dusené mäso ďalších 20 minút.

VÝŽIVA

Kalórie 242, Tuky 3,7 g, Sodík 367,2 mg, Sacharidy 23 g, Cukry 7,2 g, Bielkoviny 27,8 g

34. Polievka z holandských lasagní

CELKOVÝ ČAS VARENIA: 15 MINÚT
Porcie: 8
VYBAVENIE: 12-PALCOVÁ HOLANDSKÁ RÚRA

INGREDIENCIE

Paradajková pasta, 2 polievkové lyžice
2-librová talianska klobása
4 strúčiky cesnaku; nasekané
2 cibule, nakrájané
2 čajové lyžičky oregana
1 lyžička vločiek červenej papriky
6 šálok kuracieho vývaru
8 oz. cestoviny fusilli
2 lyžice olivového oleja
Štipka soľ a korenie
3 šálky strúhaného syra mozzarella
28 oz. na kocky nakrájané paradajky
2 bobkové listy
1 šálka bazalky
1 šálka strúhaného parmezánu
8 uncí syra ricotta

INŠTRUKCIE

v holandskej rúre opražte cibuľu a mäso na troche oleja.

Pridajte vločky, oregano a cesnak a varte jednu minútu.

Po pridaní paradajok, vývaru a bobkových listov priveďte do varu.

Pridajte cestoviny a bazalku; dochutíme soľou a korením a varíme ďalších 15 minút.

Syry zmiešame v miske.

Na dno misky dáme 2 polievkové lyžice ricottovej zmesi, navrch dáme mozzarellu a potom na ňu nalejeme polievku.

VÝŽIVA

Kalórie: 493 kcal, Sacharidy: 43 g, Bielkoviny: 30 g, Tuky: 23 g, Nasýtené tuky: 9 g, Vláknina: 4 g, Cukor: 7 g

85. Dutch Oven Chili

CELKOVÝ ČAS VARENIA: 1 HODINA
Porcie: 6
VYBAVENIE: 12-PALCOVÁ HOLANDSKÁ RÚRA

INGREDIENCIE

2 libry vykostený okrúhly steak, nakrájaný na kocky
8-uncová plechovka paradajkovej omáčky
1 libra bravčového mäsa na kocky
1 lyžička čierneho korenia
1 polievková lyžica rastlinného oleja
1/3 šálky čili prášku
1 šálka cibule, nakrájanej na kocky
1 lyžička mletej šalvie
1 lyžica papriky
28-uncové plechovky hovädzieho vývaru
2 čajové lyžičky cesnakového prášku
1 lyžička hnedého cukru
2 lyžice rasce
1 lyžička tymiánu
1 lyžička suchej horčice

INŠTRUKCIE

Zahrejte olej; pridajte hovädzie a bravčové mäso do holandskej rúry.
Varte do zhnednutia.
Pridajte korenie. hovädzí vývar a paradajková omáčka a potom dusíme.
Pridajte čili prášok, suchú horčicu, cibuľu, rascu, papriku, hnedý cukor a cesnakový prášok.
Varte 1 hodinu alebo kým mäso nie je extrémne mäkké.

VÝŽIVA

Kalórie 280; Celkový tuk 15g, sob. tuk 6 g; sodík 640 mg; Sacharidy 9 g; Vláknina 2 g; Cukry celkom 3 g; Bielkoviny 26 g

86. Dutch Oven červené a zelené chilli

CELKOVÝ ČAS VARENIA: 1 HODINA
porcie: 10 - 12
VYBAVENIE: 12-PALCOVÁ HOLANDSKÁ RÚRA

INGREDIENCIE

1 šálka vody
2 libry steak, nakrájaný na kocky
3 lyžice čili prášku
Mletý cesnak, 2 strúčiky
2 lyžičky čierneho korenia
Soľ, 1 lyžička
3 28-uncové plechovky fazule
1 čajová lyžička oregana
1 cibuľa, nakrájaná
28-uncová plechovka drvených paradajok
3 7-uncové plechovky nakrájaného zeleného čili
1 plechovka paradajkového pretlaku

INŠTRUKCIE

Prvých osem ingrediencií by sa malo skombinovať vo vrecku so zipsom a uchovávať v chladničke.
Všetko opražte na panvici a varte 30 minút.

VÝŽIVA

Kalórie 278; Tuky 15g, Nasýtené tuky 6g; Sacharidy 10 g; Vláknina 2 g; Bielkoviny 26 g

87. Holandský pečený kurací koláč

CELKOVÝ ČAS VARENIA: 45 MINÚT
Porcie: 6
VYBAVENIE: 12-PALCOVÁ HOLANDSKÁ RÚRA

INGREDIENCIE

2 lyžičky korenia na hydinu

1 cibuľa, nakrájaná na kocky

4 zemiaky, nakrájané na kocky

4 polievkové lyžice oleja

1 tubusové chladené polmesiacové rolky

Mlieko, 1 šálka

1/4 šálky múky

2 lyžičky mletého cesnaku

2 plechovky kuracieho krému

3 libry mäsa z kuracích pŕs, nakrájané na kocky

1 libra miešanej zeleniny

INŠTRUKCIE

Varte a miešajte kurča a cesnak, kým kura nie je mäkké.
Pridajte zemiaky a cibuľu s kuracím mäsom na 10 minút.
Ku kuracej zmesi pridajte všetky ingrediencie okrem polmesiaca; priviesť do varu.
Na kuraciu zmes poukladáme kolieska polmesiaca.
Pečieme pri 350 stupňoch Fahrenheita s vekom na holandskej rúre.

Keď sú rolky zlatohnedé a drobivé, koláč je hotový.

VÝŽIVA

Kalórie: 255 kcal, Sacharidy: 34 g, Bielkoviny: 7 g, Tuky: 11 g, Nasýtené tuky: 7 g, Vláknina: 3 g, Cukor: 3 g

38. Zemiaková polievka

CELKOVÝ ČAS VARENIA: 25 MINÚT
Porcie: 4
VYBAVENIE: 12-PALCOVÁ HOLANDSKÁ RÚRA

INGREDIENCIE

2 šálky mlieka

6 nasekaných zelerových rebier

Soľ, 1 lyžička

6 lyžíc masla, nakrájaného na kocky

8 šálok kuracieho vývaru

2 mrkvy, nakrájané

1 cibuľa, nakrájaná na kocky

6 lyžíc univerzálnej múky

6 zemiakov, ošúpaných a nakrájaných na kocky

1 lyžička papriky

INŠTRUKCIE

Zemiaky, mrkvu a zeler varte vo vode v holandskej rúre 20 minút alebo do mäkka.
Scedíme a odložíme tekutinu a zeleninu.
Na masle speníme cibuľu a potom vmiešame múku, soľ, mlieko a korenie.
Varte za pravidelného miešania 2 minúty.
Pridajte uvarenú zeleninu a odloženú tekutinu na varenie.

VÝŽIVA

Kalórie: 280,6, Tuky: 604 g, Nasýtené tuky: 3,2 g. sodík: 445,9 mg, sacharidy: 46,1 g, vláknina: 3,7 g, bielkoviny: 11,1 g

89. Dutch Oven homár bisque

CELKOVÝ ČAS VARENIA: 15 MINÚT
Porcie: 4
VYBAVENIE: 12-PALCOVÁ HOLANDSKÁ RÚRA

INGREDIENCIE

1 cibuľa, nakrájaná
5 lyžíc masla
3 zelený pór, nakrájaný na plátky
1 šálka homára, nastrúhaného
2 mrkvy, olúpané, nakrájané na kocky
2 šálky mušľovej šťavy
3 šálky rozdelia lastúry a chvosty homára
1 paradajka zbavená semienok, ošúpaná a nakrájaná
4 polievkové lyžice múky
1 šálka ustríc

INŠTRUKCIE

Na troche masla orestujeme pór, cibuľu, paradajku a mrkvu.
Pridajte škrupiny z homára a tekutinu z ustríc a varte 45 minút.
Odstráňte škrupiny a vyhoďte ich.
Varte 4 lyžice masla a 4 lyžice múky, kým sa neobjaví svetlohnedá farba.
Naplňte rúru trochou tekutiny a dobre prešľahajte.
Za intenzívneho miešania pridajte zvyšnú tekutinu; priviesť do varu.
Pridajte ustrice, zeleninu a mäso z homára a varte na miernom ohni asi 10 minút.

VÝŽIVA

Kalórie: 224 kcal | Sacharidy: 9g | Bielkoviny: 8g | Tuky: 16g | Nasýtené tuky: 8g | Cholesterol: 85 mg | sodík: 475 mg

DEZERTY

90. Ananásová torta hore nohami

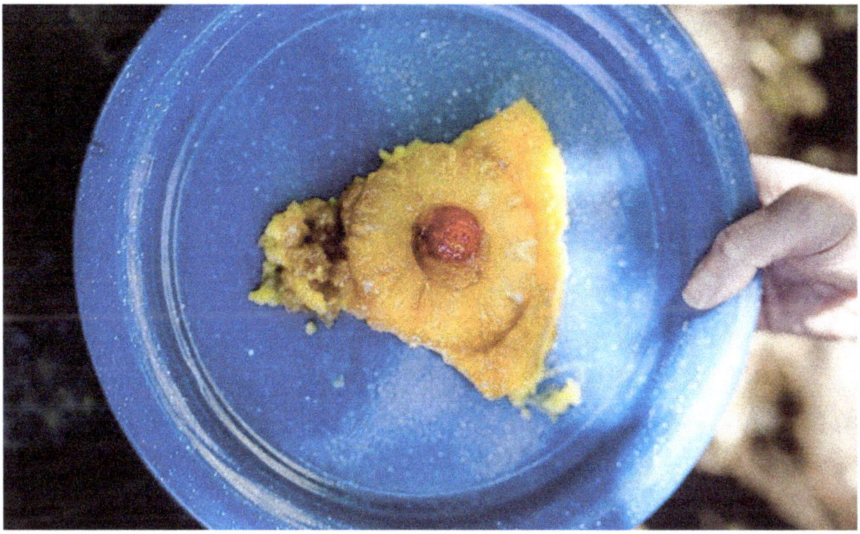

CELKOVÝ ČAS VARENIA: 1 HODINA

Porcie: 8

VYBAVENIE: 12-PALCOVÁ HOLANDSKÁ RÚRA A HLINÍKOVÁ FÓLIA

INGREDIENCIE :

1 ½ lyžičky prášku do pečiva
6 plátkov ananásu
2/3 šálky hnedého cukru
½ lyžičky soli
1/3 šálky masla
Mlieko, 1 šálka
8-10 maraschino čerešní
Vanilka, 1 lyžička
1 vajce
1 ¼ šálky múky
1 šálka cukru

INŠTRUKCIE

Omotajte hliníkovú fóliu okolo holandskej rúry.
Nastavte rúru na 350 stupňov Fahrenheita.
V rúre rozpustíme maslo a potom naň pridáme hnedý cukor.
Na maslovo-cukrovú zmes poukladajte plátky ananásu a čerešne z ananásových krúžkov.
Zmiešajte zvyšné ingrediencie a šľahajte 3 minúty alebo do hladka.
Cesto navrstvíme na ananásovú polevu.
Pečte 50 minút nad uhlím na spodnej a hornej strane.

VÝŽIVA

Kalórie 367, Tuky 14 g g, Nasýtené tuky 3,4 g g, Sacharidy 58 g g, Vláknina 0,9 g g, Bielkoviny 4 g

91. Holandský koláčový koláč

CELKOVÝ ČAS VARENIA: 25 MINÚT
Porcie: 6
VYBAVENIE: 10-PALCOVÁ HOLANDSKÁ RÚRA

INGREDIENCIE :

$\frac{1}{2}$ šálky masla
21-uncová plechovka ovocnej plnky podľa vlastného výberu
1 krabičková tortová zmes s ovocnou plnkou
12-uncová plechovka citrónovo-limetkovej sódy

INŠTRUKCIE

Omotajte okolo rúry hliníkovú fóliu.
Roztopte maslo pomocou holandskej rúry; Pridajte koláčovú náplň a potom posypte koláčovou zmesou.
Pečieme 25 minút so sódou navrchu.

VÝŽIVA

Kalórie 574, Tuky 24 g, Nasýtené tuky 11 g, Sodík 764 mg, Sacharidy 87 g, Vláknina 4 g, Bielkoviny 1 g

92. Holandská pec Apple Cookie Cobbler

CELKOVÝ ČAS VARENIA: 35 MINÚT
Porcie: 6
VYBAVENIE: 12-PALCOVÁ HOLANDSKÁ RÚRA

KORSTA Z CESTA:
2 šálky múky
1 polievková lyžica mlieka
Cukor, 1 šálka
Maslo, 1/3 šálky
Prášok do pečiva, 1¼ lyžičky
1 rozšľahané vajce
¼ lyžičky soli

½ lyžičky vanilky
PLNENIE:
1-1/2 lyžičky škorice
6 šálok nakrájaných a ošúpaných jabĺk
1 šálka hnedého cukru
štipka muškátového orieška
2 polievkové lyžice múky
½ lyžice citrónovej šťavy

INŠTRUKCIE
Zmiešajte cukor a maslo.
Primiešame vajce, mlieko a vanilku.
Preosejte spolu suché ingrediencie.
Zapracujeme krémovú zmes.
Zmiešajte cukor a škoricu.
Posypte cesto; pečieme 35 minút alebo do zlatista.
Navrch dáme šľahačku.

VÝŽIVA
Kalórie. 430; Tuk. 11,44 g; Sacharidy. 79,07 g; Proteín. 4,97 g

93. Jednoducho holandská čokoládová torta

CELKOVÝ ČAS VARENIA: 1 HODINA
Porcie: 8
VYBAVENIE: 12-PALCOVÁ HOLANDSKÁ RÚRA

INGREDIENCIE :
2/3 šálky rastlinného oleja
Čokoládové lupienky
2 šálky cukru
3 šálky múky
2 šálky studenej vody
práškového cukru
Soľ, 1 lyžička
2 polievkové lyžice octu
$\frac{1}{2}$ šálky kakaa
2 lyžičky sódy bikarbóny

INŠTRUKCIE
Zmiešajte suché prísady a potom dôkladne vmiešajte zvyšné prísady.
Holanďanky vymastíme a pomúčime a potom nalejeme cesto na koláč a navrch posypeme čokoládovými lupienkami.
Použite 10 uhlíkov na spodok a 17 uhlíkov na vrch na 40 minút v rúre.
Po 20 minútach odstavíme z mierneho ohňa a dopečieme len zvrchu.
Pred podávaním poprášime práškovým cukrom.

VÝŽIVA
510 kalórií, 243 g tuku, 15 g nasýtených tukov, 68 g sacharidov a 7 g bielkovín.

94. Broskyňový dezert Dutch Oven

CELKOVÝ ČAS VARENIA: 35 MINÚT
Porcie: 6
VYBAVENIE: 12-PALCOVÁ HOLANDSKÁ RÚRA

INGREDIENCIE :

2/3 šálky masla
2 lyžičky vanilky
3 šálky múky
1 šálka cukru
3 lyžičky prášku do pečiva
2-16 uncí konzervovaných broskýň,
1 šálka hnedého cukru
2 vajcia
Soľ, 1 lyžička
1 ½ šálky mlieka

INŠTRUKCIE

Holandskú rúru zakryte hliníkovou fóliou.
Scedené broskyne vložíme na dno holandskej rúry.
Vmiešame do cesta.
Pečieme 35 minút na 8 uhlíkoch dole a 16 uhlíkoch navrchu s pokrievkou.

VÝŽIVA

Kalórie: 357 | Sacharidy: 52g | Bielkoviny: 4g | Tuky: 16 g

95. Dutch Oven jablkové chrumkavé

CELKOVÝ ČAS VARENIA: 20 MINÚT
Porcie: 6
VYBAVENIE: 12-PALCOVÁ HOLANDSKÁ RÚRA

INGREDIENCIE :
Ovsené vločky, 1 šálka
½ šálky hnedého cukru
2 polievkové lyžice medu
2 lyžičky škorice
Plnka na jablkový koláč, 4 plechovky
1 lyžička citrónovej šťavy
štipka muškátového orieška

INŠTRUKCIE
Jablkovú plnku udusíme v rúre.
Plnku polejeme medom a citrónovou šťavou.
Suché ingrediencie zmiešame a rozotrieme na jablká.
Varte 20 minút, kým ovsené vločky nie sú zlatohnedé.

VÝŽIVA
Kalórie. 430; Tuk. 11,44 g; Sacharidy. 79,07 g; Proteín. 4,97 g

96. Dutch Oven ostružinový puding

CELKOVÝ ČAS VARENIA: 45 MINÚT
Porcie: 10 - 12
VYBAVENIE: 12-PALCOVÁ HOLANDSKÁ RÚRA

INGREDIENCIE

Vriaca voda, 2 šálky
Múka, 2 šálky
Prášok do pečiva, 2 lyžičky
Mlieko, 1 šálka
Maslo, 1/3 šálky
2 šálky cukru
Soľ, 1 lyžička
2 šálky černíc

INŠTRUKCIE

Cukor a maslo vyšľaháme.
Preosejte múku, soľ a prášok do pečiva; potom pridajte k cukru a maslovej smotane spolu s mliekom.
Všetko premiešame a nalejeme do holandskej rúry.
Navrch nasypeme černice a zmes zalejeme horúcou vodou.
Pečieme pri 350 stupňoch asi 45 minút, kým vrch nie je zlatohnedý.

VÝŽIVA

250 kalórií, Tuky: 10g, Nasýtené tuky: 6g, Sacharidy: 37g, Vláknina: 2g, Cukry: 21g, Bielkoviny: 1g

97. Dutch Oven ananásový koláč

CELKOVÝ ČAS VARENIA: 40 MINÚT
porcie: 10 - 12
VYBAVENIE: 12-PALCOVÁ HOLANDSKÁ RÚRA

INGREDIENCIE

1 pohár maraschino čerešní
Hnedý cukor, 1/2 šálky
8-uncový konzervovaný ananás, nakrájaný na plátky
nepriľnavý sprej
1 balenie tortovej zmesi

INŠTRUKCIE

Urobte tortu podľa návodu na obale.
PAM vnútro rúry a ananás položte na dno holandskej rúry.
Do stredu plátkov ananásu poukladajte čerešne.
Ovocie treba posypať hnedým cukrom.
Prikryté pečieme 40 minút.
Holandskú rúru prevráťte na tanier.

VÝŽIVA

Kalórie 188, Bielkoviny 4g, Vláknina 2g

98. Švec na ovocie v holandskej peci

CELKOVÝ ČAS VARENIA: 40 MINÚT
Porcie: 8
VYBAVENIE: 12-PALCOVÁ HOLANDSKÁ RÚRA

INGREDIENCIE

½ tyčinky masla, nakrájanej na plátky
1 krabica tortovej zmesi
Cukor
ovocie podľa výberu

INŠTRUKCIE

Holandskú rúru zľahka naolejujte a do 2/3 naplňte nakrájaným ovocím.
Posypte cukrom.
K ovociu pridajte koláčovú zmes.
Do koláčovej zmesi vložte niekoľko kúskov masla.
Pečieme asi 40 minút.

VÝŽIVA

Kalórie. 430; Tuk. 11,44 g; Sacharidy. 79,07 g; Proteín. 4,97 g

99. Dutch Oven tri čokoládová torta

CELKOVÝ ČAS VARENIA: 28 MINÚT
porcie: 10 - 12
VYBAVENIE: 12-PALCOVÁ HOLANDSKÁ RÚRA

INGREDIENCIE

12-uncové čokoládové lupienky
1 zmes čokoládového koláča
1 balenie čokoládového pudingu

INŠTRUKCIE

Pripravte tortovú zmes podľa návodu na obale.
Pridajte pudingovú zmes a čokoládové lupienky a vložte do predhriatej holandskej rúry.
Pečieme asi 28 minút.

VÝŽIVA

512 kalórií, 20 g tuku, 11 g nasýtených tukov, 68 g sacharidov a 7 g bielkovín.

100. Dutch Oven Fruit Crisp

CELKOVÝ ČAS VARENIA: 40 MINÚT
porcie: 10 - 12
VYBAVENIE: 12-PALCOVÁ HOLANDSKÁ RÚRA

INGREDIENCIE

OVOCIE:

Škorica, 1 lyžička
1 lyžička citrónovej kôry
1 ½ lyžičky citrónovej šťavy
Muškátový oriešok, 1 lyžička
3 libry ovocia, nakrájané

ZMES KRYTIA:

1 lyžička škorice
1 šálka rýchlo uvareného ovsa
Hnedý cukor, 1 šálka
½ šálky múky
1 tyčinka masla, rozpustená
½ lyžičky muškátového orieška

INŠTRUKCIE

Holandskú rúru zľahka naolejujte.
Ovocie posypeme škoricou a muškátovým orieškom.
Maslo rozpustíme a pridáme ovsené vločky, múku a cukor.
Ovocie zalejeme polevou
Pečieme 40 minút

VÝŽIVA

Kalórie. 430; Tuk. 11,44 g; Sacharidy. 79,07 g; Proteín. 4,97 g

ZÁVER

Toto je najlepšia kuchárska kniha pre pomaly varené jedlá z jedného hrnca, ktoré sú jednoduché, chutné a upokojujúce - na sviatky a po celý rok.

Užite si to.

CPSIA information can be obtained
at www.ICGtesting.com
Printed in the USA
LVHW081921220323
742311LV00009B/629

9 781783 572397